林业发展与环境保护

图 雅 周建军 李新年 主编

吉林科学技术出版社

图书在版编目（CIP）数据

林业发展与环境保护 / 图雅，周建军，李新年主编. -- 长春：吉林科学技术出版社，2020.10
ISBN 978-7-5578-7623-4

Ⅰ．①林… Ⅱ．①图…②周…③李… Ⅲ．①林业经济—经济发展—研究②林业—环境保护—研究 Ⅳ.
①F326.23②X322

中国版本图书馆CIP数据核字（2020）第193635号

林业发展与环境保护

主　　编	图雅　　周建军　　李新午
出 版 人	宛　霞
责任编辑	隋云平
封面设计	李　宝
制　　版	宝莲洪图
幅面尺寸	185mm×260mm
开　　本	16
字　　数	240千字
印　　张	11
版　　次	2020年10月第1版
印　　次	2020年10月第1次印刷
出　　版	吉林科学技术出版社
发　　行	吉林科学技术出版社
地　　址	长春净月高新区福祉大路5788号出版大厦A座
邮　　编	130118
发行部电话/传真	0431—81629529　　81629530　　81629531
	81629532　　81629533　　81629534
储运部电话	0431—86059116
编辑部电话	0431—81629520
印　　刷	北京宝莲鸿图科技有限公司
书　　号	ISBN 978-7-5578-7623-4
定　　价	55.00元

版权所有　翻印必究　举报电话：0431—81629508

编者及工作单位

主　编

图　雅　内蒙古自治区锡林郭勒盟林业局绿化工作站
周建军　东营市生态环境局环境信息与监控中心
李新年　山东正元地质资源勘查有限责任公司

副主编

步显超　焦作市园林绿化基地
程　鑫　辽宁省抚顺市林业发展服务中心
雷金善　河南省郑州市森林公园
李庆伟　河北省塞罕坝机械林场大唤起分场
刘一龙　尚志市林业和草原局
史红伟　中持水务股份有限公司河南分公司
王　瑶　贵州省植物园
魏　骥　沈阳绿恒环境咨询有限公司
徐亚晓　河南景明园林工程有限公司

编　委

陈荣升　湖北大江环保科技股份有限公司
李小燕　河南省信阳生态环境监测中心
翁文静　河南省信阳生态环境监测中心

前言

我国重视以人为本的发展战略方针以及林业发展。关于林业建设,应尽最大努力鼓励经营者积极参与,提高林业业务和发展的效率。同时,还必须充分重视森林经营者,并为其提供一定程度的工作和日常照顾。应充分利用国家政策和调动个人意愿,同时坚决支持以人为本的发展概念。林业发展在建设环境方面发挥着至关重要的作用,林业建设作为系统项目,是一个生态系统,它是一个在循环中发展的生态模式,林业管理将有助于建设我国的生态系统。本书讨论了环境保护和森林发展,并为建立稳定的生态环境创造了有利条件。

作为维护森林生态环境的一个重要因素,国家应建立适当的森林生态保护区,提高森林覆盖率,并为今后的环境发展奠定良好基础。此外,必须改进建设和养护森林生态系统的措施,提高管理人员的法律认识,加强行政处罚,从而减少森林资源的浪费,在社会中形成一个积极的循环。在建立森林生态系统之前,管理人员必须进行综合规划,加入全球生态系统,并不断解读管理方面的问题。然而,由于各区域的环境不同,各国政府在制定保护措施时,应考虑该区域的实际情况,这不仅能提高森林发展的质量,而且也可促进当地经济的科学发展。

生态建设是以保证生态平衡、保护和使用自然资源为主,遵循自然和经济规律,进行科学规划、合理安排等手段进行治理。由于生态建设不仅是实现普遍社会利益的基础设施,而且涉及大量、广泛和长期的投资,投资者通常不希望进行长期投资。因此,国家应根据市场经济发展规则和环境建设的实质性要求,坚持对政府投入的指导作用,建立政府领导、政策指导、宏观经济管理和市场运作的机制,并让所有公民和整个社会参与进来。政府应在建设环境方面发挥重要作用,整个社会应投资于生态建设和美化项目。

在现代林业的发展中,应通过刺激利润来保护和开发资源。鼓励森林经营者获得更高的利润,保护森林经营者的合法利益,激励林业管理,规范市场行为,鼓励林业经营者参与市场竞争,创造公正、公平、开放和公平的市场环境。主要目标是建立和评估健全的森林和树木流动系统,重点是社会发展和可持续社会发展中的生态发展,这符合使森林成为可持续经济和社会发展服务的需求。让所有公民都能享受美好的自然环境,并使子孙后代能够在和谐的环境中生存与发展。

目录

第一章 林业资源 1
第一节 浅谈林业资源培育与保护 1
第二节 浅析林业资源的有效管理 4
第三节 浅析林业资源的保护与利用 5
第四节 林业资源数据特征 7

第二章 林业发展 11
第一节 林业发展现状与现代林业建设对策 11
第二节 探析林业造林技术及林业保护措施 13
第三节 近代林业科技要籍述略 15
第四节 对近代中国林业史研究的回顾与反思 21

第三章 林业技术 32
第一节 林业技术推广分析 32
第二节 林业技术创新的发展及对策 34
第三节 林业技术创新对林业发展的影响 36
第四节 林业技术中的造林技术分析 39

第四章 林业发展与环境保护 43
第一节 林业环境保护和经济发展 43
第二节 林业经营与森林生态环境发展 46
第三节 林业发展对生态环境保护产生的重要作用 49
第四节 林业生态环境的改善与园林绿化的发展 51

第五章　林业技术 ·· 54

第一节　林业技术推广分析 ··· 54
第二节　林业技术创新的发展及对策 ··· 56
第三节　林业技术创新对林业发展的影响 ··· 58
第四节　林业技术中的造林技术分析 ··· 61

第六章　林业培养技术的创新研究 ··· 65

第一节　新时期林业培育技术的现状与建议 ··· 65
第二节　林业培育技术的精准化发展 ··· 68
第三节　林业培育技术要点 ··· 71
第四节　林业培育技术的研究及发展趋势 ··· 73
第五节　北方地区林业培育技术的精准化 ··· 76
第六节　林业培育技术现状及管理措施 ·· 78
第七节　强化林业培育技术，助力林业经济效益的资源增长 ················· 81

第七章　林业规划 ·· 85

第一节　林业规划存在的问题及对策 ··· 85
第二节　乡镇林业规划设计与造林技术探讨 ··· 88
第三节　林业规划设计的改进措施 ··· 91
第四节　林业规划编制实践与要点 ··· 94
第五节　ArcGIS在林业规划设计制图中的应用 ··································· 100

第八章　林业勘察理论研究 ··· 103

第一节　新形势下林业勘察设计理念的优化 ······································· 103
第二节　新形势下林业勘察设计 ··· 105
第三节　新形势下林业勘察设计理念的转变 ······································· 109

第九章　林业生态建设的基本理论 ·· 113

第一节　林政资源与林业生态建设 ··· 113
第二节　林业生态建设与林业产业发展 ·· 116

第三节　林业生态建设中的树种选择 …………………………………… 120

　　第四节　林业生态建设绿色保障研究 …………………………………… 123

　　第五节　林业生态建设中农民的主体性 ………………………………… 125

　　第六节　林业技术推广在生态林业建设中的应用 ……………………… 128

第十章　林业生态资源建设技术研究 ……………………………………………… 132

　　第一节　生态林业工程建设的办法及创新 ……………………………… 132

　　第二节　创新造林绿化机制　推进林业生态建设 ……………………… 134

　　第三节　基于创新驱动的生态林业建设 ………………………………… 136

　　第四节　林业生态文明建设中科技创新支撑作用 ……………………… 143

　　第五节　以生态建设为主体　创新发展现代林业 ……………………… 148

　　第六节　生态林业建设的可持续发展 …………………………………… 150

　　第七节　利用林业技术创新促进生态林业发展研究 …………………… 153

　　第八节　加大林业金融创新力度　助推生态文明建设进程 …………… 155

　　第九节　森林资源监测中地理信息系统的应用 ………………………… 160

参考文献 ……………………………………………………………………………… 163

第一章　林业资源

第一节　浅谈林业资源培育与保护

在众多的自然资源中,林业是"地球之肺"的,是各地区林业生态系统重要组成部分,无论是在空气净化、固沙防风、水源滋养,还是在生物多样性的维持,以及固碳制氧方面,"森林"都发挥着非常重要的作用,为加强林业专项管理,总结凝练阶段性重大成果,把握和解决项目实施过程中的林业资源与生态问题,应着重林业资源培育及高效利用技术创新。

一、我国林业资源现状

在我国大众的传统印象里,我国"地大物博""青山绿水","林业资源十分丰富"。但实际上,依据《中国林业资源现状》报告显示,实际上,就"林业资源"而言,我国是一个"生态脆弱""少绿缺林"的国家。森林覆盖率水平远远不及全球平均水平,人均"林业资源占有量"更是全球平均水平的四分之一,"林业资源"储量不到全球平均水平的七分之一。并且,由于现实中没有合理的管理和控制"林业资源",导致这些数据连年下滑。在最新的报告中,我国"林业资源"呈现低质量、低数量的特点,并且在全国范围内,"林业资源"的分布极度的不平衡。

为了能够长远的发挥"森林"作用,有必要从现在开始,加强对于我国"林业资源"的管理和控制,从规划开始,加强对于我国"林业资源"的培育和保护,是符合新形势、新时期,我国可持续发展战略的方式。并且,对于我国"林业资源"的培育和保护,更是发挥林业资源的生态、社会、经济效益,是促进我国林业资源长期可持续发展的重要途径。

二、我国林业资源保护工作

在我国"林业资源"的保护工作中,对于森林的管理以及养护,是有关部门的重要责任,并且,对于"森林"的管理和保护的实践,也是我国全体人民的责任。因此,根据有关法律法规和各种规章的要求,"林业资源"的管理和保护应充分发挥各部门的职能,提高各部门的运作效率。不断提高相关人员综合素质,确保森林管理工作高效有序进行。

为了实现我国"林业资源"的保护工作的切实展开,同时也为了保障我国"林业资源"保护工作的有效以及高效。要求各部门要依法行使权利,提高森林法意识,依法保护森林,严格执行森林法,依法惩处滥伐林木的行为,偷窃稀有树种,滥占耕地,砍伐森林等不良行为和违法行为。"林业资源"的管理和保护要加强与野生动物保护单位和生态监测单位的合作,共同促进"森林生态系统"的保护和发展。

三、我国林业资源培育工作

对于我国"林业资源"的管理和维护工作,确保我国"林业资源"的可持续发展,其重要措施,除了进行"资源保护工作"之外,更需要从根本上解决,即,加强我国"林业资源"的培育工作。当前,我国"林业资源"的培育工作主要有两种方式:

"播种造林"。通常在面积较大种植中,一些林木工程会采取"播种造林"的方式。从经济成本的角度考虑,"播种造林"这种培育方式相对高效,并且过程简单。当然,这种培育方式要求很高,无论是林木的种子的品质,还是种值地的自然环境,都有着较为严苛的要求。例如,就林木的种子而言,要求做到高品质、颗粒饱满的同时,还需要适应干旱土质;就种值地的自然环境的而言,要求土壤含水量能够达到,并且满足一定的水平,同时土质要相对疏松。只有满足以上两种条件的情况下,才能确保播种的成活率,避免资源的浪费。

"分植培育"。相比起"播种造林"的方式,采取"分植培育"的方式,操作尽管复杂一些,但是植物的成活率被大大的提高。所谓的"分植"就是指专业人员通过质量优良的母本树种的枝干,以"分植栽培"的方式,在环境较好的情况下,直接培育发展幼苗。这种技术能够大了的缩短培育时间,节约培育工具,在技术成熟的情况下,极大的提高培育成活率。当然,这种方式对于母体以及人员的技术也有着较高的要求。比较适合针对性的造林。

增加对技术研究的投资,以加快林业技术的发展,增加整个森林产品的技术含量,提高其生产效率和质量,继续创新,加强市场竞争力建设,建设高素质的专业技术队伍,重视培训教育,保持林业资源发展活力,充分发挥林业资源的作用和优势。并保证了现代林业目标建设的成功实现。

四、加强林业资源培育与保护的实践措施

强化森林资源信息系统建设。当前,在实践中加强对于我国林业资源的培育与保护实践工作,首先要做到的就是强化我国林业资源的信息系统建设。这是因为只

有为我国的林业资源，设立科学、详细的信息档案，才能在之后的培育和保护工作中，做到有理有据，有的放矢。通过对我国林业资源的信息掌控，并以此为凭，进行我国林业资源的科学培育、有效管理、合法保护、可持续开发利用等工作。

建设我国林业资源信息系统，需要相关从业人员，在科学有序的前提下，结合林业资源的现代管理学知识，开展我国林业资源调查，包括详细记录我国目前森林面积、林种、地理位置、生长发育情况等，及时汇总森林防治自然灾害等信息，并将之集结成专业的信息系统。

充分发挥各部门职能。第一，在实践中，加强我国林业资源培育与保护的实践措施，除了建立有效的信息系统之外，还需切实的运用到该系统所提供的数据与决策。为此，就需要我国各个林业相关职能部门，充分发挥各自的职能，实现在法律法规支持下的我国林业资源的培育与保护。第二，为了提高个职能部门的工作效率，也为了加强各部门有关人员的工作素养个个人综合素质，促使我国林业资源培育和保护工作早日步入正轨，加速我国林业资源的培育与保护工作，就其实践措施具体而言，包括但不限于：依法行使各个职能部门的各项权利；进行森林法律法规宣讲，提升公民森林保护意识；对所属林业资源进行依法管护；对滥砍滥伐、毁林开荒、乱占耕地、偷伐珍稀树种等行为要依法惩处，严格执行；加强同生态监控单位和野生动物保护单位的合作等。

加强森林分类经营。在实践中，一般认为提高林业资源培育与保护水平的战略方针中，最重要的就是"森林分类经营"。实施"森林分类经营"有助于实现我国可持续战略的发展，有助于缓解自然资源同人类社会发展之间的矛盾，有助于森林培育和保护工作的资源分配。具体而言，加强我国"森林分类经营"要做到以下但不限于：遵循"三种林"原则的基础上，合理规划所属森林的保护发展工作；在对所属林业资源充分调查基础上，划分森林的不同功能，并采取有针对性的实践措施；明确区分生态公益林和人工商品林，前者要"管住"，后者要"管好"，灵活决策；强化对于森林分类经营的管理监督工作等。

加强森林病虫害及森林火灾等林业灾害防治。在林业资源的培育与保护中，除了人为因素外，自然因素也是威胁林业资源的一大因素。其中，自然因素除了地质自然灾害以及气象自然灾害外，对林业资源威胁最大的，就是森林病虫害以及森林火灾等。为此，在实践中，相关职能部门以及森林管护人员，需要配合有关部门，实现森林的动态监控；积极分析和监测历史上发生重大病虫害的林区和可能发生的林区，提前制定好应对策略，一旦发生病虫害灾害，将立即启动保护森林资源的应急计划；

森林火灾防治是森林管道保护的重要内容,一旦发生,损失是非常严重的。各林区要加强森林火灾监测,提高森林火灾防治水平,加强演练,及时制止破坏。

综上所述,"林业资源"是毋庸置疑的、重要的自然资源。"林业经济"也是我国发展国民经济的支柱产业,是重要的增长点,是国民经济发展的有力支持和后盾。因此,在实践中,加强对于我国"林业资源"的培育与保护工作,对于发挥"林业资源"作用,提升"林业经济"的效益,保持我国的生态平衡,具有重要的现实意义。文章分析了我国当前"林业资源"的现状,从两个方面:林业保护和林业培育的角度,阐述了"林业资源"管理和维护的重要措施,对于实践我国"林业资源"的管理和维护,有着一定的指导作用,可以说,在一定程度上,具备较强的现实意义。

第二节 浅析林业资源的有效管理

我国有着丰富的林业资源,做好林业资源的保护工作,对于保护我国生态环境有着重要的意义。在人类发展历史中,林业建设的一项重要工作,就是处理森林火灾。因此,做好森林防火工作是当前保护林业资源的重要措施。

一、做好森林火灾的预防措施

近年来,森林火灾所导致的重大问题层出不穷,给环境以及人民的生命和财产安全都造成了巨大的影响。在以往的森林火灾案例中,因自然火源发生的火灾,占据的比重较小,而人为火源导致的森林火灾占多数。因此,加强森林防火管理,需要控制人为因素,严格按照管理标准,约束和管理人们的行为,制定好火灾预防措施。首先,要建立健全相关的管理制度,并且严格执行。其次,注重防火基础设施的建设,保证发生火灾时,有关人员能够及时赶到现场进行扑救。因此,做好预防工作必须做到以下两个方面。

制定预防森林火灾的行政性措施。森林防火机构要完善行政上的管理工作,在林业资源周边的居民区,要设置相应的防火、救火机构,制定防火制度。要严格遵循相关的国家法律,做到依法治火,严格按照国家规定,追究相关人员的法律责任。

制定预防森林火灾的技术性措施。预防森林火灾的首要任务,就是做好预警工作。在日常的防火工作中,工作人员需要实时监测森林火险情况。同时,森林防火部门应注重各地区防火设施的设置,在易发生森林火灾的地区,设置防火带,配备防火措施,保证发生火灾时,能够及时阻挡林火的蔓延,减少损失。

二、强化组织领导工作，贯彻有效管理理念

林业资源作为我国自然环境的一个重要组成部分，对我国环境的构成有着直接的影响。在开展森林防火工作的过程中，关键是要提高工作的效率。因此，要加强对防火组织的管理，针对于不同林业区，建立专门的林区防火组织机制。在此过程中，政府要发挥监督作用，明确防火责任，督促林业工作人员的工作。

三、完善森林防火机制

现阶段，要做好护林防火工作，不能仅仅依靠某一个部门，而是要有关部门共同努力，协同合作。在森林防火工作中，各部门之间要加强协作，共同研究森林防火制度以及扑火、救火制度，依靠各部门的力量，将其落实至基层，形成有效、统一、有序的森林防火运行机制，这对于森林防火工作的展开有着重要的意义。

四、做好防火宣传工作，提高居民护林防火意识

森林火灾大部分是人为造成的，要避免森林火灾的发生，提高林业从业人员的专业素质以及周围居民的防火意识是必不可少的。从接触森林防火工作的人员开始，有关单位要定期组织防火知识学习，提高防火人员的防火技能与防火意识。

五、建立联防体系，加强建立专职队伍建设

加强林业防火专业队伍建设对于森林防火工作的展开有着重要意义。在现阶段的森林防火工作中，要组建具备专业防火、灭火知识的护林人员，不断提高紧急救火队伍的专业能力，切实做好预防火灾的工作。

在此过程中，相关部门要为一线工作人员建立防火实训平台，引入专业性的消防设施。在日常的工作中，要定期组织防火演习，保证有关人员以良好的状态处理火灾。林区相关单位也要注重各个地区的工作安排，不定期通报情况，安排相关人员深入森林防火工作中，加强防范。

做好森林防火工作不仅是对自然资源的保护，更是对人民生命财产安全的重要保障，相关部门和人民群众要共同努力，建立完善的森林防火机制。

第三节 浅析林业资源的保护与利用

随着我国经济的飞速发展，很多环境问题也逐步开始显现出来。如果在发展经济的同时对林业资源造成了过度的开发，那么就会使得生态环境逐步恶化，并使得我国重蹈西方国家"先发展，再治理"的老路，林业资源是人类生存发展的必需品，所

以在发展经济时也需要确保林业资源的可持续发展。为此,本节对林业资源的保护与利用展开探究。

由于我国社会经济的逐步发展,对林业资源的需求也逐步提升,保护好林业资源可以较好的储备林业资源,并为以后的林业经济发展打下坚实的基础。同时科学的利用与保护林业资源同时也是贯彻执行习近平总书记"绿水青山就是金山银山"的理念,满足人们逐步增长的生态环境需求以及实现中华民族伟大复兴的生态基础。

一、林业资源的保护

森林的作用。一直以来,森林就被叫作"天然氧吧",这是因为,森林可以吸收空气中的 CO_2 并把其转换为氧气,从而达到净化空气的效果。同时森林还能够调节气温与空气中的湿度,起到防风固沙的作用。除此之外,森林还能够为人类提供宝贵的木材以及优良的生活环境,保护林业资源是实现人与自然和谐共存的关键任务。

林业资源的保护措施。

保护珍稀的林业物种。森林中具有丰富的资源,但是由于人为、自身等多种因素的影响森林中的很多植物濒临灭绝,同时有的地区由于没有科学的开发林业资源,也让林业发展受到了阻碍。所以,城市在发展经济的同时,也需要强化对林业珍惜物种的保护,确保生态能够平衡发展。

构建重点天然林保护区。对我国的全部天然林展开保护,防止出现把天然林改造为人工林、毁林开垦、破坏天然林的行为。并按照国土空间规划要求的内容明确物种珍惜性、生态脆弱性、自然恢复力等指标,并划出生态保护红线。对于已经确立了的关键林区,需要进行分区禁封管理,以人工促进为辅、自然恢复为主的方式修复林区。

开展人工造林,改变林业发展结构。目前,我国开始施行封山育林、人工造林等措施,按照林区的作用,科学的构建了城市景观林、交通防护林、水土保持林等生态项目,利用改变林业发展结构,让林业建设更加科学,对自然保护区的建设、保护绿地、湿地以及做好材林基地建设、完善生态林业体系等提供了宝贵的经验。

注重林业资源防护工程的建设。预防是林业资源保护中的关键环节,通过提升林业防护者的森林保护意识、构建防火隔离系统、强化森林资源的有害物质检测、完善林业防火隔离以及林业防火抢救设施的建设,能够把林业病虫害以及多种自然灾害造成的影响减小到最少。

二、林业资源的利用

我国的森林资源总量小,分布不均,且质量不高。从现有的林业资源看,我国的人工林所占比重较大，但人工林的生态服务功能较差，因此我国发展和恢复森林资源的任务还十分艰巨。对林业资源进行开发利用，是林业机构的关键工作。

一方面，要进行可持续的发展，坚持采造结合。目前，有很多林区没有严格执行森林采伐更新要贯彻"以营林为基础，普遍护林，大力造林，采育结合，永续利用"的林业建设方针，林业资源得到了严重的破坏，因此对林业资源展开保护与恢复是林业部门亟待解决的问题。需要利用"采造结合、采育结合"的方式，提升营造林的力度，把幼林培育与科学的开采有机的结合在一起，利用建设功能林、混交林等方式，科学的进行培育与森林旅游休闲康养转变传统的单一生产现状。同时，在林业资源的利用中，也需要把资源繁衍的目标与经济发展的结构相结合，使得林业资源能够得到可持续的发展。要主动寻求林业采伐废物的综合利用，把残余的树枝等利用起来，使得对林业资源的利用达到最大化。除此之外，区划森林生态红线，厘清不同区域管控关系，构建良好的生态环境，强化对林业资源的正确开发与保护，提升社会对森林的保护意识，从而防止环境、植被被破坏，在不影响生态功能的前提下，科学的对商品林、公益林和天然林进行分类管理制度，严格执行放管相结合机制。只有这样，才能够在产生经济效益的同时，增强对林业资源的护，这对提升林业经济效益有着重要的作用。

另一方面，要因地制宜利用资源。需要强化对林业资源以及自然环境的保护，学习生态发展思想，以谁破坏谁治理和谁投资谁受益的政策为导向，实现林业资源的保护与开发，把社会效益、经济效益以及生态效益融合在一起，促进林业资源保护以及经济的稳定、可持续发展。

由此可见，科学的利用与保护林业资源是人与自然和谐相处的重要保障，可持续的林业资源发展不但能够产生社会效益与经济效益，同时也能够为人们提供健康、良好的生态环境；科学的发展利用发展林业资源，不但是保护自然环境的前提，同时也是后代生存繁衍的保障。因此在林业保护中一定要用长远的眼光、科学的方式与思维来面对，才能够实现经济发展和环境保护的和谐发展。

第四节　林业资源数据特征

传统意义上的林业资源数据，实质上是一种信息管理系统，是一种基础性资源，其作用在于以信息服务方式实现不同部门、不同行业之间的信息共享，并且对用户使用的是透明式服务。为进一步开发林业资源数据，形成资源共识，文章根据自己对林业资源数据的了解，详细分析了林业资源数据的特征，希望能够为林业资源数据使用者带来有用的帮助。

林业资源数据是一种重要的自然资源系统，是自然资源的重要组成部分，与之相应的林业业务更是社会资源系统不可分离的重要组成部分。因此，具有很强的社会性、资源性、自然性、开发性等性质，使林业资源数据具有分布式特征、多尺度特征、海量特征等。

一、分布式特征分析

数据形成过程的分布式特征。林业资源的时空特征与演变过程是林业资源数据的重要描述内容，详细描述了林业资源的空间、时间及属性三方面的分布情况以及异同。林业资源在开发之前，需要进行资源定位、时间及属性的判断，然后进行相应的数据采集，之后才将采集而来的数据，记录到林业资源数据系统中进行专业的数据分析，最后形成使用价值高的林业资源数据资料，因采集数据进行空间分布、时间分布与属性分布，突显林业资源数据的分布式特征。

数据采集过程。我国林业部门根据性质不同可以分为林区行政管理和集体林区林业行政管理，其中林区行政管理包括国家林业局、省林业总局、林业管理局等；集体林区林业行政管理包括国家林业局、省（自治区、直辖市）林业厅（局）、旗县（区）林业局等，这意味着不同级别地区的林业管理方式不同，相应的林业资源数据采集也呈分布式采集法，故数据采集过程具有明显的分布式特征。

数据组织管理过程中分布式特征。因为不同级别地区的林业资源数据收集方法不同、空间资源属性不同及时间分布不同，使林业资源数据组织管理难度增加，为降低数据组织管理难度，需要各级林业管理部门根据不同时间、不同空间以及不同属性特征，制定具有针对性的数据组织管理方案。所以，林业资源数据组织管理过程具有显著的分布式特征。

数据处理分析过程中的分布式特征。林业资源数据的分析处理需要使用云计算和大数据理论实现，并且要求计算过程要具备高性能，以此满足用户的林业数据服务需求。但因林业的区域分布性、时间分布性及属性差异性等特点，使对林业资源进行资源数据处理和分析时，不得不将采集而来的数据进行分组处理分析，即将林业资源数据分割成多个数据块，形成分布式存储，并且每组分布储存都存在与之相应的计算节点，然后由计算节点将资源数据进行存储和计算，不但有利于数据访问效率的提高，还有利于服务部署效率的提高，增加了任务执行优势、节点迁移优势和失效处理优势等。

二、多尺度特征分析

空间多尺度特征。抽象性与综合性是林业资源数据本身的实质性特征,也可以理解为资源数据抽象化与资源数据整合化的过程,而资源数据抽象化与整合化是根据不同时间、不同空间和不同属性执行的,所以,可以将同种林业资源的空间划分为不同规模的数据板块,实现不同林业资源的不同空间分布层次,凸显出林业资源数据的空间多尺度特征。

时间多尺度特征。林业资源是一种自然资源,形成过程具有很强的周期性,不同林业资源的形成周期不同,相应的资源监测要素、数据表达形式及资源数据变化也随之不同,充分证实了数据监测要素、数据表达及数据变化都与林业资源的周期有着密切的关系。使林业资源周期成为林业资源数据的时间尺度,与林业资源空间尺度形成正相关关系,即林业时间尺度越大越多,则林业资源空间尺度就越大越多,导致不同区域的林业资源数据呈现不同时间分辨率,使林业资源动态变化具有明显的区域性、多层次性,所以,林业资源数据具有时间尺度特征。

语义多尺度特征。在林业资源数据系统中,语义实质上是指分辨率。通常情况下,林业资源数据中的语义具有两种分辨率,即集合性的语义分辨率和聚合性的语义分辨率。语义的分辨率是通过详细的语义尺度刻画出来的,所以,林业资源的实体及数据收集过程的语义也可以使用语义尺度进行刻画,凸显出语义尺度的层次性和连通性,故林业资源数据具有语义多尺度特征。

三、海量特征分析

传统意义下的海量特征。传统的数据系统在分析时使用的是二维技术,凸显的是数据二维性特征,使处理出来的林业资源数据内容都是以矢量地图、栅格数据、遥感影像和 DEM 传感器数据等二维时空数据,也有少量的三维数据,具有海量特性,能够使林业资源数据从 TB 级上升到 PB 级。例如,根据相关研究及调查显示,我国荒漠化、石漠化土等土地资源,其查阅量平均每周≥ 600 万条,资源数据存储量≥ 3t;湿地资源的查阅量平均每期≥ 70 万条,资源数据存储量≥ 1t;野生动植物资源的查阅量平均每期≥ 50 万条,资源数据存储量≥ 2t;我国林业局政府网发布的资源数据信息平均每年≥ 5 万条。此外,还有全国的林火监测资源数据、静态资源数据、火场视频数据量等的发布与点击量,其发布量与点击量都是非常之多,充分体现林业资源数据的海量特征。

大数据环境下的海量特征。大数据时代下,物联网、互联网、3S 等高科技信息技术都得到了迅速发展与运用，在很大程度上增加了林业资源的数据来源。随着信息技术的不断开发，近几年又增加了多媒体信息服务系统、地理位置服务数据系统、短报文数据系统等数据新来源渠道。有效增加了林业资源数据空间分布、时间尺度、时效性、数据量及处理速度等，最终致使林业资源数据量的大幅度增加，突显大数据时代下林业资源数据的海量特征。

总而言之，深度了解林业资源数据特征是进一步了解、开发和应用林业资源数据的重要环节。结果得出，林业资源数据的分布式特征体现在数据形成、数据采集、数据组织管理和数据处理分析四方面；多尺度特征体现在空间多尺度、时间多尺度和语义多尺度三方面；海量特征体现在传统意义下的海量和大数据环境下的海量两方面。

第二章 林业发展

第一节 林业发展现状与现代林业建设对策

林业与国家经济发展水平息息相关，具有生态性特点、经济性特点以及社会性特点。众所周知，近些年来我国经济实力不断增强，国家越来越意识到林业发展的重要性，对林业方面的经济投入连年增加，我国林业逐渐向现代化发展。就目前形式分析，在国内，我国政府制定了众多的林业政策，给林业发展带来了较大的便利；在国际上，经济全球化仍旧是主流趋势，为我国林业贸易全球化发展提供了机遇。但是，我国目前的林业发展仍旧存在着许多问题，需要我们不断深入探讨研究并解决。本节首先概述了我国林业发展存在的问题和发达国家目前林业发展状况，并根据我国林业发展面临的机遇和挑战对我国林业建设提出了几点对策，同时分析了未来我国现代林业发展的方向与重点，以便更好地推进现代化林业的发展。

一、我国目前林业发展中存在的问题

林业发展破坏林业区生态环境。林业区环境没有被很好地保护，出现了一定程度的污染，有些地区甚至出现了持续性的环境破坏。为了减轻整体的生态破坏，就必须对林业实行大整改，以实现林业的长久发展。

林业区经济发展水平落后。我国的人口数量巨大，但林区面积却相对不足，致使我国人均拥有森林资源量少。而且大部分林业区发展较慢，经济相对落后，生产水平低下，资源大量浪费，技术不过关，产品的质量也随之达不到标准，我国林业实际发展状况不容乐观。

林业政策法规和管理实施方面不够完善。我国虽然颁布了许多林业方面的政策法规，但是有时实施起来却不尽如人意，除去政策法规本身的问题，政策法规的实施方式和实施人员也存在一定问题。政府职能没有实现完全转变，林业各部门管理体制不够规范，没有给我国林业发展提供良好的指导，不利于林业发展。

二、发达国家目前林业发展状况

自主经营管理人工林。在发达国家，大部分规模较大的林产业相关企业都会选

择自主经营管理人工林,以提高林产业的经济效益,增强企业经济实力。

企业化经营管理。一般而言,发达国家的大规模企业都会自主成立造林部门或公司,或者派遣专门人员带领农户进行规模生产,通过企业化经营管理,以实现林业的长久发展。

合理的政策支持。大部分发达国家通过制定政策以促进人工林全面发展,并且鼓励种植生长快速的纤维类树木和种植价值较高的树木,以获取最大的经济收益。

三、目前我国林产业发展机遇和挑战并存

就目前来说,我国的林产业发展前景较好,国家对林产业发展较为看重,制定了许多政策以促进林产业的发展。同时,经济全球化是国际发展的大趋势,有利于我国林产业向国际化发展。这些都是我国林产业目前所拥有的发展机遇。但是,我国林产业也面临着较大的挑战。森林资源不足,林产业结构不完善,生产发展水平不高,即使学习发达国家培养人工林,但木材仍供不应求。而且我国林产业缺乏创新,产业发展还很脆弱,在国际上不具备一定的优势,整体效益较低。

四、促进我国林业发展的几点对策

高度重视林业发展。近代中国城市工业逐渐发展,但广大乡村地区却仍旧落后,农村、农业、农民是影响乡村地区经济发展的三大问题,要想解决这些问题,必须要高度重视林业发展,充分挖掘林业地区的发展潜力,以改善农民收入,提高农村经济实力。

合理规划林产业带。产业带是经济学里的一个概念,是指各个相关部门在相应的基础上,依据一定的生产关系形成的带式相关联的生产关系。这种生产关系需要民众和投资者的相互合作参与,因此可以因地制宜,根据不同地区的不同环境发展富有地区特色的林业经济产业带,促进林业现代化发展。

提高相关产业的技术能力。技术是发展的重要基础,对于产业带来说更是如此,所以提高产业的技术水平便显得尤为重要。比如人工林的种植、护养、经营、管理等等都需要一定的技术含量,这便要求工作人员具备相应的技术知识和能力。

完善产业管理体制。完善的管理体制对于林业的健康发展至关重要,为了保证相关机构的高效率工作,便需要部门转变职能,把工作落到实处。这便要求相关机构明确职能范围,凡是属于市场活动或职权范围内的事务,都采取相应的法律法规去控制和解决。接着,林业的产业产权制度也需要得到完善,这就可以用承包制来激励农村劳动人民从事林业的种植培育和生产工作,使林业得以合理发展。然后,还可以

通过竞争来刺激发展,以奖励和惩罚机制来激励部门管理者去查缺补漏,降低错误发生的概率。合理的竞争能够很大程度上提高林产业在市场上的生存能力。

使用先进生产机器。现阶段,我国普遍使用的生产机器比较落后,能耗大、产出低,所以便需要更新换代生产机器,提高生产效率。

五、我国未来林业发展的方向和重点

我国未来林业的发展方向。我国未来的林业发展要把科技作为第一依靠,把市场作为第一导向,把合理的产业结构作为第一发展策略,促进林业产业化生产。改变经济增长方式,积极发现并发展新的经济增长,建立完善的林业经济体系,努力做到系统化、专业化、经济化。

我国未来林业的发展重点。我国林业的下一个阶段应该重点放在人工林、食品业、药品业、家具业等发展产业,扩大林产业经营范围,发展产业化、一体化的经营模式。其次需要继续保持我国林产业的优势并且重点发展我国林区的特色产品,建立自己的产业特色。同时也需要重点关注林业环境,保护好林区生态,使林区动植物的繁殖发展不被破坏,做到长久发展和可持续发展,既要金山银山,也要绿水青山。

纵然我国政府通过政策法规大力鼓励林业发展,而且经济全球化也给我国林业发展带来众多机遇,但是我国林业的发展依然面临着众多问题,需要我们去解决。我国应该高度重视林业发展,并且合理规划林产业带,提高相关产业的技术能力,完善产业管理体制,使用先进生产机器等,促进我国林业的长久发展。

第二节 探析林业造林技术及林业保护措施

森林资源是林业生存和发展的物质基础,实现森林资源的发展是林业工作的出发点和归宿点。森林资源管理部门要重视森林的培育、保护和利用过程和环节,重视林业的组成部分,实现林业管理职能的体现,发挥重要作用。在本节中就将林业造林技术及林业保护措施进行分析与研究,希望可以为我国的林业生产做出贡献。

经济的发展和林业发展是相互影响的,是不可分开的,在树木的发展管理当中就有经济管理。树木的生长情况就能判断出营业者和林业的管理者的专业水平,对于树木培育的技术水平都会反应在树木的成活率和生产数量上,所以相关人员应该做好树木生长的记录,最后总结得出经验。

一、林业造林技术

林地规划。根据造林地区气候、土壤、植被、地形、地貌等自然条件、经济情况和

土地资源,按照造林的目的和要求,对整地规格、株行距、肥料、苗木要求、施工技术要求、工序和工期要求等进行合理的规划和设计。人工林宜选择土沃深厚、地势平坦、郁闭度在0.3以下的荒山、荒地。

林地清理。造林地的清理,是造林整地翻垦土壤前的一道工序,即把造林地上的灌木、杂草、竹类以及采伐迹地上的枝丫、梢头、站秆、倒木、伐根等清除掉。分为全面清理、带状清理和块状清理3种方式。清理的方法可以分为割除清理、火烧清理和用化学药剂清理。割除清理可以是人工,也可以用机具,如推土机、割灌机、切碎机等机具。清理后归堆和平铺,并用火烧法清除。也可以采用喷洒化学除草剂,杀死灌木和草类植物。

整地。整地方式分为全面整地和局部整地。局部整地又分为带状整地和块状整地。全面整地是翻垦造林地全部土壤,主要用于平坦地区。局部整地是翻垦造林地部分土壤的整地方式。包括带状整地和块状整地。带状整地是呈长条状翻垦造林地的土壤。在山地带状整地方法有:水平带状、水平阶、水平沟、反坡梯田、撩壕等;平坦地的整地方法有:犁沟、带状、高垄等。块状整地是呈块状的翻垦造林地的整地方法。山地应用的块状整地方法有:穴状、块状、鱼鳞坑;平原应用的方法有:坑状、块状、高台等。

选苗造林。根据森林主导功能和经营目标选择造林树种,优先选择生态目的和经济目的相结合的树种;树种的生物学、生态学特性与造林地立地条件相适应;优先选择稳定性好、抗性强的乡土树种,慎用外来树种,适度合理选择已驯化表现良好的外来物种。树种选择必须适应当地土壤、气候等自然条件;符合造林的目的和要求。

二、林业保护措施

改进森林资源管理制度,实现分类管理。森林资源是可再生资源,重视生态保护,重视全部管死,突出森林的利用效率,加强限制,增强利用效率,重视坚持森林砍伐制度,消除森林砍伐的关口,尤其对待生态区域的重要性和森林资源过量消耗的特点,要提高森林的产量,保证森林的休养生息,重视对商品林,尤其是商品中的人工林,生产林,化工原料林的建设,重视按照法律建设林业,提高经济效益的最大化。

提高技术素质,保证调查设计质量。森林调查设计资料是企业组织生产、编制计划、科学经营、培育森林资源的可靠依据,是法定性技术文件。天然林生长抚育技术要求高,作业质量细,所以,在调查设计过程中要严格执行设计规范和实施天保工程后对森林抚育的有关技术要求。尤其是要严格把握设计强度和合理确定保留木采伐木是调查的关键环节。采伐强度是有效保护森林环境,维护群体生态平衡,提高再生产能力的重要指标。

强森林资源采伐的限额管理。限额采伐是当前控制森林资源不合理消耗的最有效措施。实行限额采伐管理，相关管理单位必须要对申请办理采伐许可证的单位以及个人，进行认真的审核，把好关，根据其实际情况确定其采伐数量以及相应的采伐方式，然后再将制定的方案上交给上级林业管理部门进行审批。采伐单位或个人必须要严格执行采伐计划，不得过量采伐，不得使用不合理的采伐方式。

总之，随着经济的高速发展，人们的生活质量和生活水平随之提高，现在林业已经成为我国国民经济中不可或缺的重要组成部分。林时应根据当地的具体情况选择合适的造林地以及造林方法，最大程度地保证苗木成活率以及质量，对于出现的病虫害要及时解决。

第三节　近代林业科技要籍述略

中国林业科技要籍是记载我国林业科学技术的重要历史文献。中国古代林业科技源远流长，及至近代，中西方文化融合，各种思想的激烈碰撞，使近代林业科技得到了长足的发展。文章概述近代林业科技领军人物及其主要著作，不仅可以揭示近代林业要籍对当时的林业以及林学产生的影响，而且对于中国林业现代化建设亦有历史借鉴作用。

一、我国林业的科技源流

先民们对森林效益的认识是一个逐渐深化的过程，森林之利用，古已有之。远古先民们"食草木之实，鸟兽之肉，饮其血，茹其毛；未有麻丝，衣其羽皮"，"冬则居营窟，夏则居橧巢"。及至春秋战国时期，生产力的提高推动了科学技术的进步，一些反映林业科技知识的作品问世。如《诗经》虽是一本诗集，但其中森林地理、森林采伐与利用和树种识别的内容亦反映出当时的林业生产经验和水平；《周礼》提倡"土宜之法"，"以土宜之法，辨十有二土之名物"，即以各种土地所适宜的人畜和植物的法则，辨别十二土地区域中各物的名称，从而最大限度地使人类、鸟兽和草木和谐生存；战国时期，《孟子》和《荀子》分别提出"斧斤以时入山林"和"不夭其生，不绝其长"，其中所反映的森林永续利用问题影响深远。此后，从秦汉到晋朝，《尔雅》《淮南子》《盐铁论》《氾胜之书》《四民月令》《广志》《竹谱》等书中收录的林业资料大抵有两个特点：其一，介绍了一些国外的特种木，如西汉时期，中外经济文化交流频繁，部分树种克服了"橘生北而为枳"的问题，成功引种；其二，人们对木材性质的认识更加深化，除了稍早的《淮南子》《盐铁论》等书籍外，《竹谱》对竹类的介绍全面且具体，这是中国第一部竹类专著，此书着重对南方竹的特性、用途和产地作了详细的介绍。

从隋代到元代，这一时期的林业科技著作秉承前人的研究成果，同时也有突破性发展。如唐代柳宗元在《种树郭橐驼》中以种树人郭橐驼为例，提出"顺木之天，以致其性"的观点，即尊重自然规律和树木的习性，同时也提出一套植树造林的原则，即"凡植木之性，其本欲舒，其培欲平，其土欲故，其筑欲密，其莳也若子，其置也若弃"。这番言论合乎科学道理，同时也体现了只有从客观实际出发，正确认识客观规律，按规律办事，才能使主客观统一的哲学观点。宋代陈翥著《桐谱》一书，全书16000余字，不但记载了泡桐根、花、叶茎的形成，对泡桐的类属、习性、栽培、生长和利用也都作了详细论述。宋朝蔡襄《荔枝谱》是我国最早的荔枝专著，全书分为7篇，研究范围包括荔枝的历史、分布、特性、产销、栽培事项、加工技术、品种等内容。宋朝韩彦直《橘录》问世后受到许多园艺学者的关注，进入近代后，多种译本传入欧美日等国。《橘录》共3卷，卷上和卷中分别描述柑橘的分类、名称和性状，卷下阐述柑橘的栽培技术，包括种植、去病、浇灌、采摘、收藏、入药等内容。另外，宋代《东坡杂记》、元代的《农桑辑要》《王祯农书》所记载"松柏苗的播种、扦插、灌溉、遮荫、防寒等技术细致而完善，几乎与今日的育苗措施并无二致"。可以说，这一时期的林业科学技术呈现出继承和创新的特点。

明清时期，林业科技要籍多以总结性的论著为主。如《康熙字典》和《本草纲目》几乎囊括了中国树木和鸟兽的重要种类，"《本草纲目》收录果类104种，木类138种，禽类76种，兽类78种。《康熙字典》收录果树43种、树木394种，竹子210种，兽类236种，鸟类439种"。再以《中国农业古籍目录》为例，收录的古籍名目以正、副为编，罗列了中国现存农业古籍目录，和日本、美国收藏的古籍佚目。其中辑录园艺作物的书籍共计561本，竹木茶217本，蚕桑类433本，占农业古籍总数的近三分之一。总体而言，这一时期的林业科技要籍多以系统性梳理为主。

二、近代林业科技著作概述

中国古代的林业科技书籍多散见于历代文献典籍中的自然科学史料，影响力有限。明清时期，由于人们的思想受到钳制，学者们故步自封，林业科技的著作系统性有余，而创新性不足。林业长期依附于农业，造成"事业不动，学术不昌，著述不易，刊物不多"，及至近代，尤其是经过鸦片战争，东西方文化被动地开始了交流。光绪后期，一批留学生前往西方等国，传教士也在布道时传入一些先进的林业知识，因此，中国近代的林业科技著作呈现出东西方科技交融的特点。

近代林业科技要籍大体分为以下三类。

（1）翻译引介西方科技著作。最早译著的外国林业教材，"是在一八九八年（光绪二十四年）前后，上海农学会刊印的农学丛书，共八十六卷，分七年印出。最初出版的《农学初阶》及《农学入门》中译有美国墨求来恩及旦尔亨利等著的有关《树木育苗》《论森林刘伐》及《论植物与动物》等篇章；英国学者写的《植物起源》、日本林学家奥田贞卫著的《森林学》（农学丛书卷二十，樊炳清译）、日本林学家本多静六著的《学校造林法》（农学丛书卷三十，林王译）"。19-20

以奥田贞卫所著《森林学》为例，该书条目清楚，内容翔实。全书共计7章，前三章主要介绍森林的历史沿革和各种性质，属于普及性知识；后四章的内容涉及森林的营林学、管理学、森林动物学并植物学、森林物理学并化学等各科学理论，以理论结合实际进行论述。以造林为例，作者总结了桂木、椿、青桐、黄檗、橡木、漆木、樟木、黄杨、桦等几十种木材的熟实期、原产地、适地播种期、自播种至发芽之日数、移植日期等，为生产实验提供了宝贵的经验。这本书在传播林业科学方面具有"先锋"的作用。

清末民初，这些资料的传入，对我国林业教育的启蒙发展是有一定促进意义的，常常被用做教材或参考书。但是讲课时，老师常常单纯传授国外的知识，很少能够理论结合实际，讲授中国的林业。

（2）林业科学的讲义。早期国内讲授林业课程的老师以外籍教师为主，外籍教师中又以日籍老师为主。"山西农业专门学校的主要教师就由日本农学士冈田真一郎和林学士三户章造担任；南京三江师范日籍教师超过十人。"讲课时，老师和翻译需要同步进行，学生边听边记，课后复习。民国初期，海外学子归国，大都加入到林业教育的队伍之中，如梁希、侯过、姚传法、凌道扬、李寅恭、陈嵘、陈植、张海秋等，逐渐改变了过去依靠外国人授课的局面。

由于各校均无固定的教科书，当时的所谓教材都是出自老师的讲义。讲义年年用来教学，又年年补充，一是补充教学心得，二是补充最新知识，三是补充研究成果。如李寅恭早年留学英国，回国后先后开设树木学、造林学、森林保护学等多门课，被誉为中国近代森林立地学的奠基人之一。他所编写的《森林立地学》是中国近代第一本森林立地学教材。这本讲义结合李寅恭在国内外所学，阐述了森林群落的成因和分类，提出森林群落和森林演进的理论；从土壤、气候、生物等方面，论述森林与环境的关系；并提出了营林和人工林问题。

作为林学的开拓者，梁希早年留学日本，后自费前往德国萨克逊大学林学院和塔朗特植物化学研究所研究林产化学。回国后，长期从事木材学和林产化学的教学工作。梁希自编教材，整理出《森林利用学》《林产制造化学》等讲义，并年年充实内容。他讲授的《森林利用学》，"叙述森林的采伐与运输，对伐木的方法，使用的工具，以及陆运的滑道、索道、运输工具，水运的放羊、扎排、流送、出河、堆垛和制材工艺、设备等都扼要加以叙述，还附有许多插图示意"。《森林利用学》一书图文并茂，条目清楚。此外，梁希也是中国林产制造化学的奠基人。依梁希所言："往昔从事林产制造者，以五倍子、树脂等为主要目的，至主产物木材之利用于林产制造者唯烧炭事业而已。"正因如此，造成中国林产制造业发展单一，各种生产技术停滞不前的局面。当时人们对林业制造学的认识有限，把其划归林业技术学，梁希因为受到西方先进思想的影响，将林产制造学改名为林产制造化学，"编为专述利用木材或树皮、树叶、树实等副产物为原料制成他种物质的制造化学"。梁希将西方国家的林产制造化学技术与中国的相关资料结合，加入自己的研究成果，编撰而成《林产制造化学》讲义。金善宝对此书给予很高评价，他认为："本书《林产制造化学》实集我国林产制造化学之大成，是林化学科的一部有重要科学价值的著作。"

（3）林学家的专著。陈嵘曾分别在日本东京帝国大学学习林学和美国哈佛大学安诺德树木园研究树木学，学贯中西，学识广博。归国后，曾出版多部林业科技专著和相关论文，如1933年，陈嵘出版《造林学概要》和《造林学各论》；1934年出版《历代森林史略及民国民政史料》（1952年该书改名为《中国森林史料》并再版）；1937年第一版、1953年再版《中国树木分类学》。他所编纂的《中国森林史料》共计三部分：第一编历代森林史略；第二编民国林政史料；第三编为中华人民共和国成立后之林业设施。参考书籍中既有古代文献，从《古三坟书》到《植物名实图考》，时间跨度数千年；也有各类杂志报告，其中尤以张福延之《中国森林史略》、鲁佩璋之《中国森林历史》和李代芳之《中国森林史略考》为重要参考，谓"继三氏之努力略加扩充而已"。陈嵘通晓多国文字，因此也参考了包括《满蒙之森林及林业》和《林业历史概要》（A brief history of forestry）等在内的日文和英文的文献。

陈嵘的著作中，既有对前人成果的总结和陈述，也有开创性的专著，后者以《造林学概要》和《造林学各论》两书较为典型。这两本书的问世标志着造林学成为我国现代学科。虽然我国古代从《诗经》开始，及至清末的《农学报》，近200部文献和史料中对造林学的内容均有记载，但是系统性论述造林学原理和主要树种的栽培技术资料阙如。陈嵘的这两本书不但填补了这方面的空白，而且在联系中国实际，总结劳动人民的生产经验方面也有贡献。

郝景盛在德国留学时，先后获柏林大学理学博士和爱柏斯瓦德林业专科大学林学博士学位，回国后著有《造林学》《中国林业建设》《森林万能论》等书。《造林学》一书从生态学的角度出发，将国外先进理论与中国实际相结合，论述造林技术，成为当时国内第一部最新的造林学专著和造林教材。《中国树木分类学》则是郝景盛所撰写的一本较为详细介绍中国木本植物种类的书籍，书中记述"木本植物全系中国产，计150多科，将近1000属，7000多种。南至海南岛，北至黑龙江，东至海滨，西至帕米尔高原，中国国土上的木本植物，大致搜罗无遗"。而且，郝景盛还运用了国际通行的标准，将木本植物分为四类，即裸子植物、合瓣植物、离瓣植物和单子叶植物，每一类再细分为群，群下再细化为科、属、种。为了便于记忆和识别，每一类都以代表植物为例，详细列出其形态、学名和用途等。为便于对照和参考，表中罗列了近代林业科技重要学者及著作。

三、近代林业科技要籍的影响

无论欧美，亦或中国，最初的林业教育都是以口口相传的形式传播。18世纪后期，在西欧国家，林业技术和理论已经形成科学体系，学校里开设林业课程。19世纪，这股风潮又蔓延到亚洲及其他地区。中国因为长期闭关锁国，封建教育依然以科举制为正统，林业教育发展缓慢，没有实质变化。鸦片战争后，西方国家的先进林业科技知识开始大量涌入中国，中国林业科技出现了许多新的变化。

近代林业科技要籍对林业学科建设的影响。侯过和张福延引入了德国学者胡伯尔和斯马林的测树学方法以及森林经理学原理；李寅恭系统研究并引入西方森林立地学知识；近代引入西方植物分类学知识，并采用林奈的二名法和恩格勒的自然分类系统，从而奠定中国近代树木学的基础；在梁希、朱惠方和唐耀等人的努力下，中国木材学创立；梁希重新定义林产制造化学，"编为专述利用木材或树皮、树叶、树实等副产物为原料制成他种物质的制造化学"。这一时期，中国近代林业要籍中还出现许多"第一"，如陈嵘撰写的《中国树木学讲义》是中国近代第一部关于树木学的巨著；李寅恭编写的《森林立地学》讲义是中国近代第一本森林立地学教材；唐耀撰写的《中国木材学》是中国近代第一部木材学著作。此外，胡先骕和郑万钧联名发表的论文《水杉新种及生存之水杉新种》甚至震动了整个植物学界。这些著作的出版和问世影响深远，不但成为当时各大学的教材或参考书，而且为学科建设和发展打下了基础。

近代林业要籍对造林和林产业的影响。中国近代林业科技要籍更多的呈现出中西糅合、理论与实际结合的特点。过去，旧思想禁锢人们的思维，学科发展缺乏创新。以林产制造化学为例，过去的林产制造化学，可资利用的主要集中在五倍子、树脂等少数原料上,主产物木材也只用来烧炭而已。而西方国家早已将林产制造学变成一个以林产物为原料,经过化学和物理加工方法生产产品的活动,而且生产内容多元化,包括松香、紫胶、栲胶、樟脑、五倍子、木材热解和水解产品等。这一时期,由于林学家们的扬弃,林业科技作品也呈现出理论性和实践性较强的特点。即使某些实验条件不能达到,但读者在读后便可活学活用。

近代各种林学要籍的出版还为引种造林提供了理论依据。近代中国国势衰微后,一些饱学之士意识到我们必须师夷长技以自强,多学习,多借鉴。民国时期引入的国外树种有桉树、火炬松、加勒比松、长叶松、美国白松、多脂松、落羽杉、沼生栎、美国榆、美国肥皂荚、红椿等。虽然部分新品种出现了水土不服、异地夭折的现象,但是林业工作者也因此意识到认识是一个不断深化的过程,"非经数十年之确切证明可以借种于异地者,断不可贸然从事也"。

催生中国近代林业教育。由于近代林业生产的发展,伴随着大量先进林业科技思想的传入,催生并促进了中国林业教育事业发展。

近代高等林业教育主要是在大学里的农学院下设森林系或在农业专门学校里设置林科。至北洋政府时期,全国共有8所大学的农学院设立森林系,分别是北平大学、金陵大学、山东大学、中山大学、武汉大学、河南大学、广东大学和中兴大学。国民党执政时期,河北大学奉令停办,原河北大学农科改名为河北省立农学院,并下设林学系。另外,1927～1934年间,中央大学、广西大学、浙江大学、安徽大学的农学院也纷纷增设森林系。抗日战争期间,由于校址搬迁,学校或重组,或停办,或内迁,至中华人民共和国成立前,农学院中设有森林系的学校多达24所。

自晚清始,中等林业教育在中国悄然兴起。随着民族资本主义的发展壮大,"实业救国""科学救国"的主张开始深入人心。怀抱振兴祖国的希望,决心学习某一项技术的青年人开始增多,一些林学文章或书籍也从实利主义出发,介绍和普及了很多林业初等科学技术。中等林业教育还仿照日制,在甲、乙两种农业学校内设置林科。整个民国时期所设立中等林业学校和设有林科的农业学校共计24所,其中林业学校5所,农业专门学校14所,农林学校5所。

综上所述,中国近代林业古籍是记载我国近代林业科技的重要历史典籍。根据记载:"至林学著作,自民国以来,关于森林调查、建设森林计划以及林学之研究,所著论文,不下数千篇。"由于篇幅所限,本节未能选取中国近代林业科技论文进行分析。

第四节 对近代中国林业史研究的回顾与反思

近几十年来不少学者致力于我国近代林业史研究，取得了长足的进步，探讨的内容主要涉及以下三个方面：一是多学科及宏观研究，对学科包括植物学、昆虫学、气象学、人类学、哲学、园林学等，宏观研究主要针对森林变迁和林政史两点；二是区域林业研究，主要集中于东北地区，其他地区也多有涉猎；三是近代林业人物研究，如梁希、刘慎谔、陈植、陈嵘、凌道扬等。至于研究的不足之处主要表现在研究内容、方法理论和视角等方面。

近几十年来，我国近代林业史研究取得了长足的进步，但也存在一些不足。笔者拟对之系统梳理和评析，以推动相关研究走向深入。

一、多学科及宏观研究

多学科研究：中国近代林业史研究主要涉及古生物学和植物学、昆虫学、气象学、人类学、哲学、园林学、历史学、地理学等学科，真可谓是五彩纷呈，"春深无处不耕犁"。

古生物学和植物学在近代林业研究上最大的贡献莫过于是古老孑遗的树种水杉的发现。1948年胡先骕和郑万钧在北平《静生生物调查所研究汇报》（新1卷2期）发表了《水杉新科及生存之水杉新种》，引起了中外植物学界和林学界的重视。

在昆虫学方面，《森林昆虫学论文集》编选了有关森林昆虫学方面的论文，包括最重要的森林害虫如三种松毛虫以及竹蝗等，此外包括了干部、果实、种籽等重要害虫和生物、药剂防治的研究。这些研究成果不仅可以直接用于生产实践，而且为今后更进一步的研究提供了有力资料，填补了我国近代森林昆虫这一门学科在我国过去的一个空白点。

气象学方面，洪世年等著《中国气象史近代前》提出气象学对我国近代林业的研究范围已从定性到定量、从宏观到微观，体现有二，一是对林业气象基础理论的研究，二是森林对气候的影响研究，包括森林的调节和改造气候研究、森林气候研究、防护林气象效应研究、营林气象的研究、城市绿化气候效应的研究。

在人类学方面，吴声军从人类学的角度对"林业化石"——清水江的林业契约进行研究，运用人类学功能学派的理论和方法把单篇的契约串起来，把林业契约解读成一个历史上延续、空间上稳定的社会网络，揭示了林业契约的社会功能和价值，考察了清水江流域林业管理的沿革流变及其文化成因。

哲学方面，林学家梁希用辩证唯物主义的基本原理阐述了林业科学，认为林业科学是自然界规律的反映，不是凭空臆造出来的，自然界是相互联系的，要把森林和周围一切条件联系起来，不仅包括环境因素也包括政治因素。还从对立统一、质量互变和否定之否定等规律方面探讨了树木生长问题。吴榜华论述了传统林业和现代林业的辩证关系，认为现代林业代替传统林业的过程，是对传统林业的辩证否定过程，而且这个过程是一个根本性的质变过程。

园林学界也从园林艺术角度进行了园林史研究。如张钧成认为中国园林文化是中国林业文化的组成部分，原因有二，一是由于植物是园林中的主要题材，没有植物则不称其为园林，故与林业传统思想和林业科学技术极为密切；二是因为中国园林中的传统建筑是以木结构为主，是古代木材消耗之宗，和森林采伐及森林消失有直接关系。徐建融指出进入20世纪以后，中国园林一方面引进了西方的"公园"形式；另一方面，即使古典的园林遗存，也被收归国家所有，并面向社会公众开放，成为"公园"的性质。因此，在园林的分类方面，便有了一种新的划分标准，即根据它的规划布局形式分为自然式、规正式和混合式三种。许多学者还从园林艺术角度对各地区的近代园林进行了研究。如：赵兴华编著的《北京园林史话》、王荣主编的《天津园林绿化》、王绍增的《上海租界园林》、姚素梅《上海近代独立式住宅花园研究》、胡冬香的《广州近代园林研究》、西安风景园林协会编的《西安近代园林》、万婷婷的《重庆近代园林初探》等等。

地理学界和历史学界进行的关于近代林业研究的论著也散见于各种学术刊物，同时考古学界新发现迭出为地理学、史学的发展提供了大量的新论据。

二、宏观研究：从宏观上对近代林业史的研究主要表现在森林变迁、林政史两个方面。

森林变迁的研究主要涉及到近代森林破坏的状况、原因及其后果。

有关近代森林破坏的状况方面，马忠良分别通过对华北、东北、华东、中南、西南、西北六个地区的森林变迁进行论述，指出森林变迁主要决定于两大因素：一是自然条件的改变，二是人类从事各种社会活动对森林产生的影响。而近代森林的变迁，其主导因素是人类的各种社会活动所造成的，中国的开发历史越接近现代，人类活动的规模和强度就越大，呈现出某种非线性增长的趋势，对本来脆弱的生态环境带来了附加的压力。关于森林的覆盖率，熊大桐提出民国36年（1947年）与道光二十年（1840年）前后相比，森林面积减少近一半，森林覆盖率下降5.2%，平均每人占有森林减少0.2公顷。樊宝敏等也指出清朝后期至民国时期（1840—1949年）的森林资源大约由 17% 下降为建国时的 12.5%。在 109 年的时间内下降了 4.5 个百分点，达到了有史以来森林破坏的最高峰。何凡能等分析了 1700—1998 年近 300 年来中国森林变迁的时空特征，近 300 年来中国现境内共减少森林覆盖率 9.2 个百分点。在中国森林消长中，西部地区均小于东部地区；在 1700—1949 年的锐减期中，东北、西南和东南三区是森林面积缩减最为严重的地方，大部分省区覆盖率下降超过 20 个百分点。并对 1949 年以来我国林业部门、相关学者对建国之初全国及各省区森林资源状况的估算：《中国林业年鉴（1949—1986）》中给出的 1949 年的估算值、20 世纪 80 年代后期林业部组织各省区林业部门进行推算的数据、马忠良等在《中国森林的变迁》中给出的 1948 年的估算值，进行考订认为，由于问题自身的复杂性和不确定性，以及不同研究者对这一问题认知的不同，其估算结果存在明显差异。相对而言，80 年代推算数据和马氏数据有更多的相似性，估算结果也更接近一些。

近代中国森林受破坏的原因，除了历史时期的乱砍滥伐森林、毁林垦种、砍树作燃料、森林火灾等因素外，还有两个新的因素，即帝国主义的掠夺和近代的战争。熊大桐、金麾、樊宝敏、董源、李进霞、陈植、凌大燮、中国森林编辑委员会编著的《中国森林第 1 卷总论》等都同意这种观点。金麾等专题分析了清政府的林业政策对全国各地森林状况的影响，郭风平等则从 20 世纪中国乡村林种与树种变迁的的角度宏观上探讨了各时期发展乡村林业的异同措施和变迁机理，指出市场需求、科学技术、发财致富的利益驱动是我国近代乡村林业变迁的主要机理。

森林被破坏，带来了一些列恶果，农林部林业司、冯君实、樊宝敏金麾、《天然林保护的对策研究》课题组等都论述了森林资源的减少与自然灾害的关系。

林政史的研究主要表现在对近代林政的整体探究、近代森林法和林权制度三个方面。

1934 年陈嵘收集并整理了我国林政方面的史料出版了《历代森林史略及民国林政史料》，该书比较详细地记述了近代以来颁布的各项林业政策，并加以评述。熊大桐记叙了晚清政府、北洋政府、国民党政府、革命根据地和解放区政府制定和颁布的林业政策法规和林业机构、森林所有权问题、林业经费和林业捐税问题，对近代中国的林政作了详细罗举，但没有总结其发生和演变的规律。樊宝敏从社会经济、森林生态、林业思想、科技教育、林业经济、法律法规、机构设置等方面，围绕林业发展的思想和政策问题分别对清代前期、清代后期、民国和新中国四个历史时期进行系统研究和阐述，并对近代林政作了精辟的阐述："被迫性、近代性、始创性是晚清林政的突出特点。北洋政府时期的林政在晚清基础上得到进一步发展并且开始出现林业专门机构和官职。国民政府时期由于客观形势、社会制度等原因,文件制定的不少,实际执行的不多,林业机构多变。共产党领导的革命根据地政府进行的林业建设为新民主主义革命取得最后胜利作出了重要贡献。而我们在对殖民政府的林业政策和管理时,应持批判与分析的态度。"张钧成论述了我国的林政传统,指出我国的传统法制属于"人治"的范畴,近现代林业要真正实行"以法治林"必须加强林业法制的建设与林业教育的普及、提高。胡勇宏观上对民国初年的林政进行了分析。

关于森林法,20世纪80年代编纂的《中国大百科全书·农业》中指出近代森林立法始于1912年制定的《林政纲领十一条》,在此基础上1914年正式颁布了《森林法》,并曾进行多次修订。中国共产党领导下的革命根据地也颁布了一系列的林业法规。李仰溪认为革命根据地和解放区的森林立法,是我国森林法的历史渊源。常纪文提出从法学的角度观察,近代的森林管理文化具有以下几个方面的特点:一是法律制度的建设总体比较落后,与当时的经济和社会发展状况是基本相适应的。二是由于常年战乱,森林法的一些体现现代生态科学的先进制度,如限制砍伐、水土保持等方面的制度执行得不怎么好。三是确立森林的国家、公有和私人所有三种所有制,体现了封建社会和资本主义制度的产权制度。这种所有制鼓励个人经营森林受益,发挥了个人保护森林的积极性。四是森林保护的法律措施限于产权确认、产权转移、公益保护、森林防灾、行政监管等方面。江流介绍了民国时期国民政府的森林立法历程,并对其进行分析总结。

在林权制度方面:樊宝敏等不仅论述了我国清代后期、民国的林权制度的主要形式和变迁过程,还对其中的发展规律和历史经验进行了归纳和总结。戴丽萍认为近代中国林权制度经历了以地主私有为主多种私有制并存的林权制度(晚清时期)——国有、公有、私有并存的多种林权制度(北洋政府与国民政府时期)——革命根据地和解放区公有、私有并存的林权制度的变迁,并对近代林权制度安排的特征、原因、变迁的制度经济学动因、林权制度绩效进行了研究和评析。

三、区域林业研究

随着地方志的编纂列入国家发展计划,各省地方志编纂委员会相继进行了地方林业志的编纂,省一级的地方林业志已出版者有山西、湖北、湖南、四川、贵州、河南、北京、福建、浙江等省,市县一级的林业志不胜枚举。总体看来,我国近代区域林业史的研究主要集中在东北地区,华北、华中、西北、西南、华南地区也有涉及。

东北地区:王长富对近代东北地区的林业研究较多,如《东北近代林业经济史》主要记录了从清末到日伪时期东北的林政以及森林资源的开发和利用状况,并对俄日掠夺东北森林资源的情况做了大量的记述，勾勒出东北森林史的基本脉络；《东北近代林业科技史料研究》一书从林业科技的角度对东北地区植物研究史考、育苗造林和人工林研究、森林调查成果分析、东北林区森林施业技术等方面进行了论述；《沙皇俄国掠夺中国东北林业史考》一书论述了1689年到1931年东北森林资源的变迁和沙皇俄国的掠夺，包括沙俄资本家垄断和操纵木材市场的原因，以及我国在税收上所遭受的损失。

不管是俄日的掠夺，还是我国的开发与利用，都对东北地区的区域环境造成了严重的影响，衣保中对此进行了研究。除此之外，张竟文结合实例就日本的森林调查机构及森林调查特点等加以论述，记述了日本对中国东北森林的掠夺及其对东北经济和环境的影响。李莉等认为由于明清时期尤其是晚清以来森林的过度采伐利用、毁林垦殖、帝国主义的侵略掠夺，造成东北地区生态环境恶化。熊梅从清代东北地区过度垦伐与森林变化的关系入手，探讨了过度垦伐带来的环境效应，揭示了导致该区森林变迁的内部原因，还提出清代后期森林的削减引发生物圈内部物种的危机是当地生态系统遭到破坏的显著标志。王荣亮从清代和民国两个历史时期记叙了长白山森林资源开发的过程、原因和影响，在分析人类历史活动对森林生态系统产生影响时，不仅分析了负面影响还分析了正面影响，如人们对野生动植物资源、森林资源和自然生态环境保护等。张文涛认为清代东北地区的林业管理经历了从封禁到开禁的变化过程，这虽然客观上促进了经济的发展，但却给东北森林造成了严重的破坏，导致生态环境迅速恶化。李欣宁等利用从国内外搜集的大量史料，回顾了东北地区三四十年代的森林资源状况，并就资源特点与20世纪90年代统计数字做了比较分析，同时也首次较为全面、详细地介绍了当年林业调查规划事业的概况及其技术系统。伍启杰等则从黑龙江省森林面积和蓄积量的数据的参考价值进行考释，揭示了黑龙江省森林资源的变迁。

也有学者从经济的角度对近代东北地区的林业进行了研究。如伍启杰从经济学的角度通过对国家政策、外来资本的注入、劳动力市场以及中东铁路网的修建等方面研究了近代黑龙江林业经济形成发展的社会因素，并选取了木材市场与对外贸易、森林工业、林业经济政策、林业管理机构等若干问题进行研究，纵向勾勒出近代黑龙江林业经济由封闭经济向半殖民地经济、殖民地经济演变的历史轨迹，还指出近代黑龙江林业经济虽得到进一步的发展，但其有脆弱性，主要表现在林业经济的发展与政治的沉沦相互交织、突变畸形的林业发展、显著的殖民性特征、林业经济走的是一条掠夺式道路四个方面。李洁等认为近代黑龙江林业经济虽受到外来资本主义的侵略，但由于奉系军阀的统治提供了相对安定的社会政治环境、收回利权运动提供了良好的历史机遇、第一次世界大战的爆发间接提供了有利契机使近代黑龙江民族森林工业利用不仅没有垮掉而且保持了稳定发展的态势。王立三从近代东北森林开采、木材加工、木材运输与木材贸易等几方面阐述了近代东北商品林业的兴起与发展，探讨了森林资源产业化对其社会经济与区域环境所产生的影响。而姜丽以鸭绿江流域森林资源为切入点论述了资源、交通、流民在安东木材中心市场形成过程中所起的作用。

华北地区：。姜云天等认为雾灵山森林植被的变迁在地史时期是由气候变化引起的，在历史时期主要是人类的干扰造成的，并从划分封禁、开禁破坏、保护恢复三个时期对近代雾灵山森林植被的变迁进行了研究，指出雾灵山天然次生林的演替是由于反复的人为活动所引起的。樊宝敏等认为明清时期当时政府为了保护北京都城的生态环境，采取了一系列保护生态、鼓励发展林业的政策措施，如保护皇陵墓地森林树木、奖励河堤植树、发展植树造林禁止滥伐、利用运河依靠南方提供木材粮食等各种生产生活物资、设置税关加强林业税收管理。庄维民研究了山东清末国外林果良种的引进与林业改良和民国前期的林业改良与推广，杨海蛟对明清时期河南的林业进行了研究，崔旺对山西的林业进行了研究。

华中地区：陈柏泉认为江西自近代以降迄于建国前，当权者对江西的森林资源进行了滥无止境的掠夺，使境内多山而林业自昔称盛的江西转而变为荒秃的童山。冯祖祥等认为明清时期湖北天然林面积已明显减少，尤其是距村镇附近的山丘岗地情况更为突出。张雪芬对近代武汉的竹木市场、竹木商人、竹木商帮和竹木搬运工人及其帮派组织进行了研究，认为近代武汉的竹木市场既保留了传统经济许多特征，又渗入了近代化的新因素，折射出了近代中国资本主义经济的发展与不发展背后的某些因缘。李菁对近代湖南的桐油贸易进行了研究。

西北地区：魏永理对西北的近代林业进行了研究，认为辛亥革命后到抗日战争前的二十多年间，西北各省在林业开发方面所做的工作主要是陕西建立林业管理机构，各省兴建苗圃，公路沿线、黄河沿岸及河流岸畔造林。抗日战争以后，林业开发进入高潮时期，如新疆、甘肃、宁夏、青海等取得了良好的成绩。具体到各省区，张靖涛把历史时期甘肃的森林变迁过程分为七个阶段，认为清乾隆年间至民国末年是森林的彻底破坏阶段。任泉香等提出陇东清至民国森林问题的实质是森林资源的锐减，并已经成为一个重要的社会问题。马强认为蜀道地带森林破坏历时已久，但真正大规模的减耗、消失还是近200多年来的事。郭振家记叙了沙皇俄国、日本帝国主义对内蒙古林业的掠夺。李并成指出清末以来祁连山林草的破坏剧烈不仅导致了山区本身生态环境恶化,更对绿洲地区的农牧业发展构成直接威胁。

西南地区:李荣高针对明清和民国时期的云南林业,从林业碑文的分类、内容、价值和作用等几个方面展开分析,并触及云南民国时期的林场。刘德隅梳理了从清初到解放前云南森林的变化情况,房建昌利用罕见、零散的藏汉及外文史料对近代西藏的林业资源及用以制碗、造纸和引进种植茶树等历史作了初步探讨,弥补了西藏林业史研究的空白。石开忠提出明清至民国时期清水江流域林业开发对当地侗族、苗族造成的积极影响有社会组织结构解体,商人阶层出现,货币流通及其加速了自然经济的解体和地主经济的形成与发展,促进了商品流通等,此外还有一些消极影响。袁丽红认为民国时期广西在世界市场的推动和政府当局的提倡鼓励下,植树造林和林产品生产取得了明显的成绩,林业成为当时广西一个重要的成产部门,在广西经济中起着重要作用。除此之外,刘利容对民国时期四川的桐油贸易进行了研究。

东南地区:戴一峰从福建的植树造林、木材贸易以及各类副产品的生产与运泊等三个方面,对明清时期福建林业经济发展的概貌及其特点作了描述与分析,并对近代福建木材加工业的发展状况进行了研究,认为其特点一是近代福建经济发展远落后于其他沿海省份;二是近代福建木材加工业的发展与板材的外销密切相连;三是在近代福建木材加工业中,外国资本占有重要一席,并对其发展的制约因素作了探讨。戴一峰还对近代福建的植树造林作了概括和总结,认为晚清时期福建植树造林虽比前代有所发展,但步履蹒跚。而到民国时期虽然由于苗圃的建立植树造林比清代又有了一定发展,但由于这时期战事频繁、政局不宁使大多数政府颁布的法令、法规成一纸空文,徒具形式,使这一时期福建植树造林发展有限。到国民党政府时期比民国前期又有了较大发展,但其发展势头自四十年代起逐渐减弱。朱文蓉认为近代福建森林变迁的主要原因则是商品经济和商品市场的发展。雷志松认为民国时期的浙江林政,主要包括林政管理、林业行政管理机构的设置、林业法制建设等几个方面。陈亚平等指出民国时期广东林业法规按内容可分为综合管理类、机构设置类、育林造林类、护林保林类、鼓励褒奖类、其他与林务相关法规六种类别。

四、近代林业人物研究

我国近代林业人物研究主要是微观研究即个案研究,如对梁希、刘慎谔、陈植、陈嵘、凌道扬等。

有关梁希的研究：王贺春、李青松对梁希的生平及求学经历、在林业方面的贡献进行了详细的研究。陈夏法记叙了梁希在林业教育、林业化学和林业建设方面的贡献。张钧成从森林对人类生活的重要性、对提倡绿化祖国的贡献、为林业建设与林业教育争取独立地位的贡献、大力扶持与推进我国林业教育的思想、提倡对自然风景区的保护和经营五个方面论述了其在林业建设方面的贡献，并认为在梁希的林业思想中，用辩证唯物主义观察和阐述林业各种问题是其林业思想的重要方面，主要表现在把森林和国计民生联系起来、把森林和环境因素联系起来、森林经营中林区永续作业的思想、风景资源的开发、重视林业教育思想这几个方面。熊大桐认为梁希的林业思想主要有：一、发挥森林的多种效益；二、"用国家力量来经营森林，同时，推动和奖励民营造林"；三、按照施业案合理经营森林，护林造林育林并举；四、永续利用森林，造林与伐木保持平衡；五、发挥优势，发展特种林木；六、节约木材，合理利用木材。王维从自然保护区思想、社会林业思想、林业多效益经营思想、林业教育和宣传思想四个方面论述了梁希的林业思想，并指出在当今林业建设的意义。王金香对梁希的防灾思想进行了详细的探讨。为了纪念梁希诞辰一百周年，中国林业出版社出版了《梁希文集》、《梁希纪念集》，张钧成、马大浦、周慧明、蔡邦华等也相继发表文章纪念梁希。

有关刘慎谔的研究：王战等记叙了刘慎谔的学术成就，如倡导用植物发生学观点研究植物分类学、创造性地完成《动态地植物学》和《历史植物地理学》科学巨著、植物地理学研究的重大贡献、红松林的采伐必须采育兼顾和要按红松林的生态特点和天然更新规律实行择伐、植物固沙建立人工植被让包兰铁路通车。并记叙了刘慎谔的生态学理论，如被演替的理论与生态系统的管理、退化生态系统的恢复与重建、植被区划和生态设计、"采育兼顾伐"的可持续发展思想、"十大因素"与全球变化研究、植物发生分类学与生物多样性研究。张正崑在红松和落叶松更新问题上提出了不同于刘慎谔的观点：一、关于小兴安岭红松更新问题，认为红松和云杉冷杉耐阴程度相差悬殊不能列成一类。在树种阴阳性排列问题，认为把红松放在阳性种类，把云杉冷杉排在阴性树种最后比较合理。在采伐时，认为不应单纯根据树种更替来安排采伐的工作，而且东北的红松不适合择伐。二、关于小兴安岭落叶松更新问题，不同于刘慎谔根据落叶松现在的分布规律，去断定落叶松不能在山坡上更新，还认为其提出的想要促进落叶松更新，必须保护白桦和繁殖白桦不是普遍规律。并指出落叶松不耐庇阴，喜欢强光照。鲁德全从植物分类、植物地理分布、植物生态、森林的采伐与更新、固沙造林五个方面论述了其学术思想。冯宗炜不仅记叙了其求学经历,还记叙了他将其林业理论和我国实际结合起来的事实,如结合生产实际总结出了适合东北红松的采育兼顾伐;在治沙方面,总结出一套草、灌、乔相结合的人工植被类型的治沙措施。刘恕提出刘慎谔在沙漠治理方面的见解,一是认为植物固沙作为流沙固定的措施之一,不能靠某种单一植物种或某一种生活型植物,要多种配合形成结构,才能达到最好的防治功能;二、自然界是处于不停息的运动之中,有机体与环境条件是辩证的统一;三、反复强调沙漠治理措施的整体性,认识沙漠自然环境的动态观,以及重视人为因素作用和重视宏观战略研究。胡宗刚、赵大昌对刘慎谔的西北林业考察进行了研究,任荣荣等记叙了其在西北林业考察中独探青藏高原。

有关陈植的研究:张青萍认为我们应该继承陈植勤奋学习诲人不倦的学者风范、笔耕不辍严谨治学的作风、孜孜以求弘扬国粹的探求精神、严于律己淡泊名利的高尚品格。黄晓鸾认为陈植在造园学和林业科学方面的贡献主要体现五个方面:一是为近代重大工程中山陵园设计方案出谋划策;二是制定我国第一个国家公园规划《国立太湖公园计划》;三是倡导和研究我国造园学历史与理论如其处女作《观赏树木》、编著的《都市与公园论》、编撰我国近代第一本造园学专著《造园学概论》、坚持研究造园教育;四是致力于弘扬中国造园历史和遗产的研究,如为我国最早的造园专著《园冶》进行注释、完成《长物志校注》;五是集毕生心血撰著《中国造园史》。有关陈植的其他研究则是对其著作的论述。赵兵根据陈植在国内公开发表的造园著作、论文及信函等分析研究认为:一、陈植造园研究除一般理论、方法的探讨和行业发展的分析外,集中在造园史料研究和造园教育等领域;二、研究领域非常广泛;三、20世纪50年代和80年代是其写作的两个高峰,而60年代相对陷入低谷。并从造园理论与方法、造园史论研究、造园教育、其他研究四个方面对其著作进行了论述,还考证了陈植早期的造园学专著《观赏树木》、《都市与公园论》、《造林要义》的出版年代,认为应该以中国国家图书馆藏书为准,是1930年出版,提出陈植的处女作应为《国立太湖公园计划书》。芦建国等介绍了陈植《中国造园史》一书的著作背景和主要内容。王竞红等通过对陈植造园思想中"人"与"园"的相互作用关系的解读,并结合实际景观评说"园"对人的物质服务、情感影响和思想提升的作用,以及人的行为、情感和思想对"园"的影响,从盆景艺术、造园名家与著作和造园的目的解读陈植在造园理论中对人性的尊重与理解。唐晓岚等从意境美的概念、表达、原因、创造几个方面剖析了《园冶注释》中的意境美。崔志海不仅对《都市与公园论》作了解读,而且对近代公园史研究进行了回顾并指出了不足。段建强等从遗产保护的理念对《造园学概论》

进行了探讨。赵丙政论述了《造园学概论》对传统园林理论的继承、发展所作的贡献，并结合相关理论分析了对于改善我国园林发展现状的借鉴意义。

有关陈嵘的研究：黄普华认为陈嵘的《中国树木志》具有树种齐全，适用范围广；分类群鉴定准确可靠，订正合理可信；内容翔实，实用性强；检索表列举特征，简明突出，切合实用；插图绘制精细，形象逼真等特点。印嘉佑将陈嵘《中国森林史料》等古代史料逐条与古籍查核，共核校295条，归纳出原书漏错类别为：无篇名、书名错误、漏错字、标点有误等，并进行勘误。除此之外，范一直、洪涛、吴中伦等相继发表文章纪念陈嵘。为了纪念陈嵘诞辰一百周年，浙江省安吉县委员会文史资料委员会著《纪念陈嵘先生诞辰一百周年》，中国林学会编著了《陈嵘纪念集》，此书收入苏步青、杨显东、俞大绂、洪涛等人撰写的纪念文章23篇。

有关凌道扬的研究：2008年香港出版有限公司出版了刘中国著的《凌道扬传》。《凌道扬：中国近代林业科学先驱》一文记叙了凌道扬的家庭背景及其在林业方面的贡献，如倡导中国第一个"植树节"、发起创建"中华森林会"、参与制订第一部《森林法》、推动农村经济改良实验等。熊大桐认为凌道扬的林业思想有三点：一是"振兴林业为中国今日之要务"，二是"发展林业必须重视发展林业教育"，三是"大学森林系的教学必须考虑各地的具体情况"。王正等则论述了凌道扬在研究森林覆盖率的减少导致了水土流失、水旱灾害方面的贡献，及其林业教育思想和贡献。

此外还有郝景盛、胡先骕、郑万钧的研究。

五、问题与不足

通过对近代多学科及宏观林业研究、区域林业研究、林业人物研究的回顾，可知中国近代林业史研究取得了长足进展。不过，我们在看到成绩的同时也应该清醒的意识到其背后所潜藏的问题与不足。

其一，研究内容和空间上的不平衡需要深入扩展

从研究内容上看，学界对于近代林业的研究主要集中于森林变迁的研究，而对于近代林政、近代林业人物等其他方面的研究则有所欠缺。在森林变迁史研究中，对城市森林变迁史关注的比较少，张钧成曾认为"城市兴起之时，就是附近森林消失之日"。所以加强城市的森林变迁史的研究对于当今的城市和林业建设具有重要的作用，而在森林锐减给人类造成的危害中大多数是从造成的自然灾害方面研究，很少涉及到对社会的危害。从研究空间上看，全国各省市虽多有涉及，但研究偏重于东北地区，华北、华中、西北、西南、东南林业的研究则相形见绌，区域性的特色研究缺乏。因此，近代林业史研究不管是在研究内容上还是在研究空间上都需要进一步的扩展

深入。

其二,研究理论和方法需要创新

近代林业史研究不是简单的史料堆积和罗列,也不是现象的描绘和阐述,而应注重从史料中找到新旧之间的关系,发现事物发展的规律,从而为现实服务。前面提到的熊大桐《中国近代林业史》虽是近代林业史的一部通史著作,贯彻了史论结合的原则,按事类编排历史分期详细记叙了近代的林业,但却没有抓住各个时期若干突出的历史事件作更为深入的剖析,探索其发生和演变的规律。研究方法应该多元化,如森林变迁的研究成果大多采用史料考订,缺乏系统的量化研究。

其三,研究视角需要多元化

视角的多元化可以让我们开阔视野,转换视角,则提出的课题将大不相同,从而更有助于研究的推进。目前学界对于森林变迁原因的探讨多是从自然和人为两个方面进行探讨,其实角度选取可以更加多元化,森林是自然物种的最大栖息地,可以从树木种类、动物种类的变化等探讨森林的变迁,如严奇岩从林木种类变化看明代以来贵阳森林资源的变迁,万良华、黄权生从地名角度入手,介绍了重庆地名与森林的关系并对地名透视出的森林变迁原因作了再分析,这样另辟蹊径的研究值得提倡。

其四,史料收集和挖掘工作有待加强

史料是创新的源泉,如欲深化中国近代林业史研究,挖掘利用新资料是必不可少的工作。就目前见到的研究成果资料引用上,笔者发现林业史料尚未充分利用,仍有大量的资料被尘封,这最突出的体现在对国家或地方性的报刊的发掘上;另外,大量的档案、地方志、题记、文史资料、旅游者的游记和有关诗篇、碑刻史料的价值也需要在学者的研究中进一步得到体现。

总之,只要我们继续扩展研究内容和区域,使研究方法多元化,丰富研究资料,研究角度多样化,中国近代林业史研究一定能达到一个更高的水平。

第三章 林业技术

第一节 林业技术推广分析

随着社会对自然环境保护意识的逐渐加深,林业技术得到了较大的发展。同时林业技术推广也是现代生态建设、环境保护的重要事业,是推动生态发展的重要部分。由于技术等多方面存在缺陷,我国的林业生态发展还存在诸多问题,因此分析林业技术推广在生态林业建设中的问题具有重要意义,可以推动我国环境保护事业的发展。

林业技术推广是现代林业生态事业建设中较为重要的基础性、常态性工作之一。技术的推广需要基于先进且切合实际的技术,并有效结合现代林业科技成果进行数据转化,从而为我国林业生态事业发展提供可行性意义。

一、林业技术推广存在的问题

现代林业技术与传统林业事业相比,是一种水平和层次较高的发展模式,主要强调了现代技术在林业生态事业发展中的贯穿运用。林业事业生产包含林业资源的合理配置以及信息技术等,具有立体性、综合性的特点。技术推广作为林业生态事业中的重要环节,对于其发展具有重要的影响。就目前来看,我国林业技术推广主要存在以下 3 点较为突出的问题。

林业技术推广人员素质有待提高。技术推广看似是一项较为简单的工作,但是实际上其在一定程度上需要有专业知识作为基础,所以对于技术推广人员的职业能力、素养以及协调组织能力具有一定的要求。技术推广人员在林业技术推广中扮演着重要的角色。我国当前的林业市场看似发展状态良好,但是从相关调查的数据上来看,我国当前的林业技术推广还有待强化,技术推广人员的素养也有待提高。林业技术推广人员的素养缺失对于生态林业建设具有一定的约束性,进而使林业技术推广存在一定的滞后性,在一定层面上极大地影响了林业技术推广事业的有序发展以及生态林业发展战略目标的有效展开。

林业技术推广资金缺乏。林业技术推广不仅需要有一定的专业知识作为支撑,较为依靠林业技术推广人员的能力，其对于资金也有一定的需求。目前，由于人们对林业技术推广不重视，林业技术推广的资金缺少，林业技术推广在实行时难以展开，尤其是在基层地区表现最为明显。林业技术的发展与推广存在着资金严重不足的现象，其体制普遍缺乏系统性的编制、一定的办公条件以及软硬件设施等，这严重制约了生态林业技术的发展与推广，给我国生态林业的发展造成了阻碍。

林业技术推广方式单一。在技术推广过程中，推广的手段、方式是最为重要的支撑点，其在一定程度上直接地影响着技术推广的时效性，从而决定了技术推广的最终成果，这也是衡量林业技术推广人员业务能力的重要指标。因此，林业技术推广人员应当尽可能地强化技术推广手段，使推广方式多样化，从而拓宽林业技术的推广渠道。目前，由于人们的思想重视不足，人员、物资等较为缺乏，我国林业技术在推广、发展过程中缺乏时效性，进而在一定程度上影响了林业技术的推广效用。

二、改善林业技术推广工作的有效措施

作为现代生态林业保护、建设中的重要环节，林业技术推广既代表着生态林业保护的发展空间，也是使林业技术深化的重要支撑，同时也是林业技术延伸的重要渠道。所以不断地改善与强化林业技术推广工作的整体效果，需要从当前时期林业技术推广中的实质问题入手，并根据实际情况采取科学有效的措施。具体可以从以下3个方面入手。

强化林业技术推广团队的能力。由于林业技术推广需要有一定的技术以及专业性作为支撑，所以其对林业推广团队也具有一定的要求，因此在进行林业技术推广时需要拥有一支高素质、高技术的专业团队。由于林业技术推广工作无法离开推广人员，因此林业相关团队应当积极组织牵头，不断地加深林业技术推广的工作关联，健全相关教育体系，构建完善的林业技术推广人员培训系统，从而促使林业技术推广向着专业化方向发展。各方相关部门应当借助有效途径，推动林业技术推广工作以及教育的多元化发展，有效提升技术人员的素质和能力，充分发挥出林业技术推广工作的效用。

更新工作观念，加大资金投入。目前，林业技术推广工作的有效展开不仅需要一支专业、高素质的团队，同时也需要有一定的资金支持。我国当前的林业技术推广工作在生态林业保护建设事业中具有一定的重要性，但由于传统观念的影响，多数部门对于现代林业技术推广工作仍然不甚重视，现代林业技术推广工作无法顺利展开，所以相关部门的认知依然有待提高，只有这样，才能助力于林业技术的开发和推广，进而实现生态林业建设的自然生态效益。各级林业管理部门应当不断更新林业

保护工作的观念，真正地意识到林业技术推广对于现代生态林业建设的重要性，并在现代林业技术推广工作中给予一定的资金支持。相关政府部门可以充分将本地区的林业保护工程纳入到政府年度财政预算中，进而为林业技术开发、推广提供专项资金支持。此外，还要广泛探索林业技术推广渠道，建立多层次、多方面的林业技术推广投入机制，进而保证充足的生态林业建设资金，使我国现代生态林业建设发展得到有效的保障。

完善推广策略，强化推广业务能力。由于我国现代林业技术推广缺乏有效的专业团队和专项资金的支持，我国现代生态林业建设效果不明显。各级部门及相关单位除了要培训林业推广团队、加大资金投入外，还要不断地进行林业技术创新，通过新的推广方式与渠道丰富、完善林业技术推广服务体系，从而强化林业技术推广能力。如合理地使用现代互联网信息技术，并购置电脑、土壤水分养分检测仪、叶绿素检测仪、GPS、种子检测仪等办公设备。此外，还要完善相关的职业技术培训系统，充分发挥出其带动作用，进而形成多元化、多层次的现代林业技术推广服务体系，改善现代林业技术推广效果，提高现代生态林业建设的自然生态效益。

现代林业技术推广存在团队专业性不足、资金缺乏等诸多问题，影响了现代生态林业的建设与发展。所以应当重视林业技术推广的团队建设，加强对林业技术推广的资金投入，完善林业技术推广策略，使现代生态林业的建设发展更进一步。

第二节 林业技术创新的发展及对策

在我国现代经济的发展中，现代林业经济占据着重要的位置。林业的发展是促进工业化时代我国经济提高的助力，林业规模的扩大还可以让树木保护我们的环境。为了促进现代林业的发展，进行林业技术创新是非常有益的。现代技术发展迅速，我国林业必须寻找新型的技术才能改善我们的生活。

林业技术的创新和现代林业的发展可以提高林业从业人员的经济收入，推动着我国不断发展，还可以让我国跻身于科技强国之列。但是目前我国在林业技术创新中到底存在什么问题，如何解决和克服这些困难，就是本节重点研究的部分。

一、加强林业技术创新的意义

现代社会各行各业激烈竞争飞速发展，对于林业经济加强技术创新具有重要的意义。加强林业技术创新，可以让我国的林业从种植到迈向市场都有现代科技的把关，可以获得更高的经济收入。还可以在生态环境保护方面做出贡献。例如，为了发展林业需要种植大量的树木,以保持水土,还可以清洁我们的环境。加强林业技术创新,还可以通过传播林业新型技术或者转卖专利等方式,获得财富,提高我的国民生产总值,提高我国的经济发展速度。

二、我国在进行林业技术创新方面遇到的困难

林业技术创新人员素质有待提高。在进行林业技术的创新中,林业技术创新人员作为主力军,是推动林业向前发展的贡献者。因此他们的专业素质就显得非常的重要。但是目前我国的林业技术研究中,研究人员的数量较少,且多数没有受到专业的技术培训。因此在研究林业新技术上就会面临很多的技术难题。再加上从事林业研究工作的人员较少,就更会阻碍了我国林业技术的研究创新。因此要想让我国的林业向以科技为主导的方向发展,就必须加强对林业技术创新人员的教育。

对于林业技术创新不重视。林业经济作为我国一个传统的产业,长时间以来,人们习惯了这种产业的运作方式,一时间很难以接受由于技术的创新。因此林业技术的创新就不被人们所重视。人们在这种不重视的情况下,就会导致我国的林业逐渐落后于世界水平。面对林业发展过程中出现的一些问题,也没有相应的先进科学技术去解决。我国林业给国家带来的经济优势也会逐步的减退,影响人民的经济水平与生活水平,也不能促进我国的进步。改变人类对于林业技术创新的观念,让人们认识的林业技术创新的重要性,是非常重要的。

林业技术与实际工作联合不紧密。任何技术的创新,都需要与实际的工作相接轨。林业技术的创新也必须与林业的实际工作相结合,要真正地投入到林业工作中去。但是目前在我国,林业技术创新研究的成果较少,且没有进行大规模的推广和应用。研究先进技术一直致力于林业之外的领悟,林业技术发展非常缓慢。这种情况也大大地阻碍了我国林业经济的发展,为了更好地提高林业经济,我们必须要加大林业技术的转化率,让林业技术早日为我国林业做出贡献。

三、解决林业技术创新困难的有效措施

加强林业技术创新人员培训工作。林业技术创新人员专业素养较差的情况已经严重阻碍了我国林业技术创新的进程。为了改变这个情况,就必须加强对于林业技术创新人员的专业培训。让他们多看有关林业技术创新方面的书籍和专著、论文等等。还要吸引高学历的林业技术方面的人才,为我国的林业技术创新所付出,并在各地打造一支专业的林业技术创新团队,让我国的林业创新技术能够蓬勃的发展,让林业技术的发展能够迈上一个新的台阶,让林业为我国带来更多的经济财富与技术

财富。

加强宣传林业技术创新重要性。要想让林业技术能够顺利地进入真正的实际工作中,就必须大力地进行宣传,通过印发书籍、传单、横幅等形式让人民多多了解。还可以通过电视、网络、报纸等将运用先进技术的林区进行展示,让人们直观地感受到林业技术进步的好处,引发人们多多关注林业技术领域。解决人们对于林业技术创新不知晓不关注的问题,用人民的力量推动着林业技术的创新发展。

创设机构,促进技术与实际接轨。我们要不断的推动着林业技术研究的研究条件发展,让林业技术研究人员能够在更好的条件中进行研究创新。同时还要开设一系列的林业技术研究机构,加大资金力量,配备先进的研究设备,引进林业技术研究人才,让我国的林业研究实现巨大的突破。另外我们还要将林业技术与实际相结合,从实际工作中寻找灵感。让林业技术创新工作能够蓬勃的发展,让林业产业真正体验到技术创新所带来的希望。

重视林业经济的发展就是重视我国的整体的经济发展,提高林业技术就是在促进整个林业行业的发展。林业的不断发展和林业经济的不断扩大给我国带来了巨大的经济收入和环境效益。为了更好地进行林业的发展,我们必须努力做好林业技术的创新工作,让新型技术提高我国林业发展的速度,为我国经济建设工作添砖加瓦。

第三节 林业技术创新对林业发展的影响

改革开放以来,我国经济发展迅速,林业也得到了全面发展。经济发展过程中,许多林权所有者为了自身经济利益,大量砍伐树木,导致林业资源不断减少,环境污染问题严重。因此,相关人员将科学技术融入了我国林业生产过程中,并取得了显著成效,但是仍然存在很多问题。为加强林业技术创新,有效管理林业资源,促进林业进一步发展,分析了林业技术创新对林业发展的重要性以及我国林业技术创新现状,并对此提出改善建议。

林业是我国经济发展的关键部分。随着社会不断发展,市场对于林业发展的科技水平要求逐步提高,因此,加强林业技术创新已经成为我国林业发展亟待解决的问题。基于此,对林业技术创新对林业发展的重要性、林业技术创新现状进行概括,提出了林业技术创新的完善措施。

一、林业技术创新对林业发展的重要性

我国森林资源极度短缺,林业发展结构不合理,再加上林业技术水平不高,难以

跟上时代发展的步伐，林业发展问题突显。而加强林业技术创新，可构建林业产业体系，促进林业经济进一步发展。在社会高度发展背景下，智能化与自动化设备的大力推广，可有效协调林业发展与生态环境之间的关系，也可应用于林业生产过程中，通过多元化的林业生产技术，使林业生产更专业化，以保障林业发展快速进步。现阶段，在林业发展过程中，传统林业生产技术已经不能满足林业发展的需要。因此，应大力推进林业技术创新，促进林业发展，进而推动林业经济发展。此外，林业技术创新还能够为林业相关部门进行监管工作提供便利，并为生产产业化与集约化奠定基础。

二、林业技术创新现状

调查显示，多数林业部门人员创新主动性较差，员工缺乏积极性，且部分林业部门甚至无技术创新环节，不仅会对林业发展造成影响，也会导致林业部门转型困难，林品生产减少，在一定程度上阻碍了林业经济的发展。而且，当前林业部门多数人员缺乏创新意识，在工作中只是依照传统的管理方法工作，导致林业林业技术创新困境重重。此外，当前林业部门在技术创新方面的科研成果较少，而部分林业部门科研成果在实际工作中运用也较少。造成这种现象的原因可能是缺乏科学管理与技术创新人才以及技术创新资金较少，使得多数林业部门研究进展受到一定阻碍，进而影响了林业技术创新。

三、林业技术创新的对林业发展的影响

优化林业资源种植结构林业部门要加强技术创新，需要对传统林业管理、技术、经营体制予以改革，使其可适应新时代经济发展。社会发展中，应尽力突破土地的制度性障碍，并适当优化各区域的林业资源种植结构，发展各种类型绿色产业。此外，林业部门还应及时了解林业行业发展现状，并尽力优化市场环境，以促进林业可持续发展。

保障林木品种多元化林业产业结构主要体现于所种植树木的品种。同一植物品种经过长时间生长繁殖，会出现品种退化、抗逆性减低、生命衰退等现象。而且，当前市场对于林木新品种需求量增多。因此，林业管理人员应及时调查树木种植及生长概况，定期培养新品种，创新新品种培育技术，优化产业结构，以满足市场发展需要。

促使林业朝数字化管理方向发展现阶段，在林业发展中，病虫害为害现象严重，导致林木授粉率与成活率较低，加上传统管理模式无法精准管理与控制林区的温度与水分，导致林业发展受到影响。林业技术创新应将传统粗放型管理模式转变为集

约型的管理模式,在林业管理中利用先进数字化管理设备,对林木进行精细管理,了解林木的温度、湿度、光照等,同时利用新进的设备测量土壤养分含量,准确分析林木的肥料供给,调节林木生长,保障林区环境更加适合林业发展。

提高员工技术创新意识林业部门应加强技术创新意识,及时与员工沟通,了解公司发展出现的问题与技术创新困境,积极采取应对策略。应告知林业人员技术创新对于林业发展的重要价值以及对员工自身的影响,明确技术创新在市场中发挥的价值,提升员工技术创新意识,促使其多与部门科研人员交流,明确研究方向与技术创新趋势。在发展林业经济过程中,对生态环境予以重视,真正实现技术创新与可持续发展并行。另外,积极调动员工工作积极性,促使部分员工投入到技术创新研究中来。相关部门应以市场调查资料为基础,加大对于技术创新资金投入,保证技术创新科研成果符合市场发展需求,刺激林业经济发展。

坚持可持续发展现阶段,经济快速进步与发展,导致林业资源被大量砍伐,很多地区沙漠化、水土流失严重,破坏了生态平衡,对人们生活造成很大影响。因此,在促进林业技术创新的同时,应注意林业可持续发展,应在保护环境的同时,发展林业经济,为林业发展提供良好的市场环境。(1)在可持续发展前提下进行技术创新,应注意大力推进生态建设,并创建生态产业链。可将监控系统、自动化生产管理系统、物流平台、电商平台等技术创新应用于林业发展中,能够为林业发展增加活力,也可为生态链形成提供基础技术保障。(2)以当地地区优势与资源优势为主,进行乡村建设,例如旅游、文化、养老等。3)做好林业技术改革,及时淘汰不符合市场发展与可持续发展理念的产品,同时防止在区域内部同行业产品竞争过于激烈,影响林业可持续发展。

加强林业管理在林业资源管理过程中,多数管理人员发现林业病虫害问题较为严重,影响了树木正常生长。因此,应不断加强资源管理,完善技术创新方式,利用现代高科技技术进行林业管理,以促进产业发展,完善产业链条,提升农林行业经济水平。扩大林业资源供给,积极发挥人工林在竞争中作用。加强林业管理,应注意林业技术创新,在技术创新背景下,明确管理目标,定期考察管理成果,并以此为基础改善管理方式,增强管理效果。林业发展要想得到快速发展,就应将技术创新与管理结合,发挥不同地区林业资源特色,并培养专业技术人才,为林业发展提供基础人才储备,确保林业顺利发展。

随着生态文明体制改革推进,传统林业生产已经无法满足市场发展需求。因此,林业部门应加强技术创新,提高林业生产效率,促进林业发展。另外,应与部分地域林业经济发展技术成果结合,使林业发展朝规模化与产业化方向发展。加强林业管理,优化产业结构,使林业经济发展能够满足可持续发展的战略需求,才能保障林业经济稳定发展。

第四节　林业技术中的造林技术分析

我国林业取得突出的成就,造林一直是林业建设和发展的关键和重点,同时也是林业工作的基本所在。实践证明,林业建设对于提升生态环境质量,促进和谐社会有重要的作用。从当前造林管理现状可知,需要了解造林阶段存在的各种问题,按照技术要求实施。本次研究中以林业造林现状作为基础,对如何做好造林管理进行分析。

为了保证林业的有序发展,相关部门需要联系实际情况,合理进行规划和处理。根据造林技术的具体要求可知,在日常管理中需要提前对规范机制了解,发挥现有林业规划体系的最大化作用,保证其合理性。但是在实践中受到其他因素的影响,存在不同类型的问题,造林管理难度提升,甚至存在其他类型问题,导致林业管理不容乐观。相关工作人员要从现状入手,提前对技术进行分析,发挥技术形式的最大化作用,实现技术再利用。

一、林业技术中造林技术现状

我国林业发展起到重要的作用,根据现有技术方案和规划要求可知,在整个实践阶段要发挥现有技术形式的最大化作用,从造林处理现状入手,保证其合理性。以下将对林业技术中造林技术现状进行分析。

技术应用不合理。造林技术类型比较多,受到多种因素的影响,如果不及时进行管理,则会增加造林管理难度。因此在实践中需要从实际情况入手,合理引进造林技术,发挥不同技术形式的最大化作用。但是在实践中受到其他因数的影响,很多技术无法应用到实践中,树苗抚育难度增加。针对其特殊性,在技术应用阶段要进一步绿化市场化管理机制,采用动态化养护方案,坚持依法治林。

技术人员素质有待提升。林业技术种类比较多,对工作人员自身也有严格的要求,针对具体管理现状可知,技术人员要提升自身综合能力,掌握不同技术的操作方案,按照需求和要求落实。但是部分技术人员仅按照经验进行,对现有几首方案缺乏了解,进而导致技术无法及时落实,甚至存在其他问题。

养护管理不到位。根据林业发展和管理基本要求可知,养护管理是重点,适当的养护能提高树木存活率。在施工建设过程中,需要对林地树木进行有序管理,限期更换,加强苗木扶正缓和支撑。抚育是重点,在落实过程中存在养护管理不到位的现象,养护措施的落实是关键,如果无法执行养护管理,则势必对林业后续发展造成影响。

二、林业技术中造林技术分析

我国林业取得突出的发展成就,针对技术形式的特殊性,在实践阶段需要做好造林维护和管理工作,按照已有方案呵和要求实施。以下将对林业技术中造林技术进行分析。

做好造林设计和修正工作。林业生产不能照搬照抄,需要结合气候特点和位置等进行预设。因地制宜进行预设是重点和关键,在林业生产前,要全面进行调查和处理,对各类技术研究后,结合不同区域的林业生产能力科学合理的制定造林方案,仅为实现经济效益和生态效益的统一。此外需要结合林业发展方案和具体要求,对林业布局进行了解,考虑到树种和林种的数值变化可知,要能更好的提升造林存活率,需要做好基础改善工作。通过适当的修整后,改善树木生长环境,此外在生物性能分析过程中,为了全面改善生长环境,需要做好前期处理工作,包括:清除杂草、合理选择树种和施肥浇水等,通过多项措施的应用能改善土壤的生物性能。受到气候和环境因素的影响,要选择科学的植树方式,对于灾害性因素,要提前对各类因素分析,采用大面积播种的方式。

幼苗抚育技术。选种和播种是造林工作的起点,同时也是关键,在造林处理阶段需要结合区域性的土壤环境,气候对幼苗的生长有一定的影响。需要注意的是,选好种子后需要科学保存种子,对其进行有效处理后方能进行播种。种子发芽后需要将草席覆盖在芽上,等到发芽率超过70%后,将草席拿掉,直到发芽率达到100%。接下来将树苗进入生生长期,这个阶段的树苗比较脆弱,抗病能力差,需要做好管理,早晚浇水、悉心看护,同时需要结婚和苗木的具体长势进行补苗,促进树苗整齐生长。在夏季需要做好苗木的防晒工作,避免幼苗受到阳光照射,影响生长。进入到秋季后,需要合理施肥,不能灌水,保证幼苗根部正常生长。进入冬季后,做好防寒处理工作,避免幼苗冻害。通常情况下可以采用暖棚、盖草等保温措施,苗期和幼苗期不需要大量水分,不能过量灌溉,必须满足水分需求,适当灌溉处理。在不同的生长阶段,根系深度不同,只有达到根系规定深度后,结合不同土壤的具体情况进行处理,才能保证幼苗成长。

幼苗管理技术。幼苗管理技术是处理的重点和关键,强化林地管理,按照具体措施进行落实,能保证其合理性。在具体处理阶段按照实际造林要求实施,提前找好距离，挖好树穴。根据苗木等级可知，选择1级和2级苗木后做好造林处理工作，此类苗木生长状态好，苗木选择后及时林地，能提升苗木成活率。在栽种过程中，为了保证苗木的舒张性，对于裸根的苗木需要进行打浆处理。幼苗抚育处理能提升成活率，从整体上来说，对幼苗抚育有严格的要求，要及时修剪枝干，清除灌木和杂草，合理规划数目密度。施肥和翻垦能改善土壤环境，五月中旬以后，对幼苗进行处理，能使幼苗获得足够的水分和阳光。在7~9月份进行抚育管理后，能保证幼苗抓苗壮成长。通常情况下采用分工除草方式，效率比较低，随着机械化发展不断进步，需要做好冬季防寒管理，避免幼苗受到冻害。在这个时期通过覆盖塑料膜，加设屏风等方式能保证看护处理的合理性，避免对幼苗造成损害，进入到冬季后，需要做好防火管理工作。

分殖造林技术。在现代化林业技术应用过程中，对造林技术有严格的要求，在树苗培育过程中采用现有的树干或者根系进行处理，利用现有根系进行栽植后，相对于其他造林技术能起到完善的作用。除了上述优点外，分殖造林技术能起到节省时间和节省人力的作用，该技术形式科技含量比较低，林木秒的成活率较高。林苗成活后和原木相差不大，能保证原有优良品质。在分殖处理过程中。受到原木生长环境的影响，我国的分殖造林技术还是有很高的造林技术要求，同时数量也是较少。

中龄林管理技术。苗木进入到成熟期后，对树苗进行处理，能实现造林技术的合理性。在具体采伐阶段，结合树木的实际情况进行处理，合理采伐能带来经济价值，促进树木可持续生长。需要注意的是再次阶段，容易出现盗林的现象，需要加大树木保护力度，做好林业维护工作。一旦遇到明火很容易发生火灾，该阶段必须做好看护工作、巡逻工作，预防森林火灾，乱砍滥伐等行为。

三、如何做好林业技术的落实工作

为了促进林业的发展，相关部门需要结合实际情况，对具体工作方案进行落实，以规范化处理作为前提，不断促进林业的发展。

对林业结构进行调整。林业结构如果不合理，则对当地经济发展容易产生影响，针对结构调整方案和具体要求可知，对劳动力资源进行有效的干预是关键，如果资源无法落实，则势必阻碍乡镇发展，要想改变此类情况，需要对林业结构调整，保证结构转型升级。

在升级处理过程中，需要秉承因地制宜的原则，开发绿色支撑体系，以清洁生产技术作为前提，鼓励建立生态园区，有效落实绿色生产和绿色消费。

保护林业生态环境。对于各地存在的环境污染的问题，政府部门要强化管理和治理，在具体工作中，以预防管理作为前提，进行综合性的治理。此外需调动居民的工作积极性，通过教育宣传的方式，提升各方的环境责任意识，在发展林业经济的过程中，将经济建设工作和环境保护工作等放在同一位置，同步进行规划和处理。还应该引导大中型的企业，使其积极参与到环保产业的发展中，使用其资金方面、技术方面、管理方面的优势，有效促进环保产业的发展。

近些年我国林业取得了突出的发展成就，在林业管理中需要对技术类型进行掌握，按照具体要求实施。针对林业发展中存在的技术应用不合理、技术人员素质有待提升、养护管理不到位等现象，相关部门必须引起重视，从对林业结构进行调整、保护林业生态环境等方面入手，按照技术具体要求进行落实，进而保证造林技术的合理性，促进区域林业发展。

第四章 林业发展与环境保护

第一节 林业环境保护和经济发展

我们的地球是人类生活了几千年赖以生存的家园，千百年来人们为了生存而狩猎，毁林变更农田，来解决人们的温饱问题，是的人们普遍喜欢说一句话"靠山吃山"在当时的历史条件下一点也不假，只有这样人类才能活下来。几千你过去了由于人类的贪婪，对于森林的破坏更加是无忌惮，森林的覆盖率在一点点的减少，我们的环境面临着严峻的问题。正是出于这样的条件下我们越来越认识到生态环境的重要性。本节主要针对林业生态环境保护方面进行了阐述，同时又对林业的经济发展作了详细的分析更好的说明了走可持续发展道路的重要性。

21世纪是一个科技不断发展的社会，越来越多现代化的大企业林立在我们的生活圈子里，我们享受着物质所带来的需求与方便的同时，我们不得不面对严重的污染问题。加工制造企业的废气废水废热的排放，大大的我染了我们的大气，由于绿地面积失衡导致空气得不到充分的过滤处理，污染在不断的加剧。由于人口的不断膨胀，土地资源问题十分的明显，更多的森林被破坏，加快了土地的沙化。当今这样的形式，林业面临着很大的压力，无论从任何一个角度出发，林业都能改变整体的环境问题。如何能够很好的利用林业原有的资源很好的保护环境在综合其经济效益，平衡相互关系，是经济全面发展走可持续发展道路，这就是我们这篇文章所要探讨的课题，下文对于一些方面进行了详细的分析，希望对大家认识环境的重要性有所帮助。

一、提高对林业重要性的认识

林业是整个环境链中必不可少的一部分，其自身能够很好的进行内部的生态环境的调整。林业是个很广含义，我们就举这样一个例子吧，那一片杨树林来说吧，同时在土壤，地表，以及空间，在每一层次都有自己的生态圈这样在调节环境的过程中重用非常的重要。此外林业的特点就是根据自身的功能进行调节，对于林业的功能的基本划分两种一般情况，社会功能与自然功能。

社会功能：这种功能一般的情况下与相应的政策,社会整体的发展趋势密不可分的。就拿今天我们探讨的林业环境问题来说,我们要充分的考虑到可持续发展问题与经济效益问题,只有这样才能够满足发展的趋势,也是我们所要说的社会功能。

自然功能：第一,维持生物多样性的生态功能。森林与其他生物之间是一种互相依存、相生相克和优胜劣汰的关系,不同种生物之间相互作用共同构成了生物多样性的生态平衡。第二,保护水资源的功能。森林本身就是一个天然的蓄水池,它可以蓄积大量的天然降水,同时还可以减少地下水的蒸发和地表径流,有效防止水土流失,减轻旱涝和风灾,对整个地球的水循环具有非常重要的意义。第三,保护野生动物的功能。野生动物是自然生态系统功能的重要组成部分,在维护自然生态平衡中的作用及其在社会生活中的地位日益受到广泛重视。

二、建立和完善森林保护制度,加强林业行政执法力度

近一阶段以来,我国经济发展较快,因此,对能源的需求越来越高,林业资源是经济发展的重要资源之一。我国幅员辽阔,林业资源比较丰富,但是,要有计划、合理开发,以保证林业的可持续发展,尤其要对有重要生态功能的林场进行保护,因此,应该根据我国林业的总体开发情况,制定完善的森林保护制度,并加大执法力度,确保林业的可持续发展,对于过度开发采伐的情况,予以严重的惩罚。加强执法力度,首先要有完备的法律约束,其次也要建立一支合格的执法队伍,以确保法律的有效实施。

三、加大对森林保护、建设的投入

森林在今天的环境工程里的地位十分的重要,越来越多的人注意到了这一点。森林对于环境的自身调节能力十分的强,对于污染问题有很强的改善的功能。在森林的建设里要加大投入力度,进行合理的规划最大限度的发挥森林的作用。对于不同的地理环境以及周边的环境,在森林建设的过程中进行合理的选中,选一些具有很强的净化功能的品种,繁殖能力适应能力强的品种,后续的维护工作是不可缺少的,对于一些自然灾害要及时的治理,像是虫害等方面预防为主,防治相结合,最大限度的保障森林的安全。相关部门的资金一定要到位,最好做到专款专用,这样就可以避免资金断流的现象发生,在资金方面得到了有力的保障。

四、坚决贯彻"十六字"方针

对林业生态环境的保护,要严格执行"十六字"方针,即：科学规划、全面保护、重

点建设、合理利用。更加强调森林的生态功能,突出对森林的保护和促进生态、经济、社会协调发展的思想。新政策的公布和贯彻实施,适应了新形势下森林生态建设和林业发展的需要,有利于调动林业职工保护、建设和合理利用森林的积极性,进而实现森林的永续利用和林业的可持续发展。

五、引导传统农业,发展混农经济

可持续的混农林业高级生产模式,就是在一定自然经济地理条件和社会文化背景下,综合利用森林林下小气候、土地、水体、生物资源,在保护和培育森林资源的同时,进行农作物包括粮食品种、药用植物、蔬菜等其他经济作物的栽培,使之成为物质良性循环,能量合理流动,多级生产,稳定高效的相互促进的林农复合生态系统。引导群众开展多种经营,种植经济树种和经济价值较高的药材等,如树—果—药,树—茶—药等,增加群众收入,既提高林产品的数量和质量,以保证森林资源的可持续利用。

六、大力发展林业生态旅游,促进林业经济可持续发展

目前,林业生态旅游已经成为重要的经济来源,不仅促进了当地旅游业的发展,也为林业的可持续发展奠定了基础。林业生态旅游是强有力的宣传形式,不仅为林业发展提供了资金保障,还在人们旅游中增强了大家的环保意识。尤其要重视各地国家级森林自然保护区的发展及申报。各地应该根据当地资源特点及优势,统筹发展,合理开发利用、科学规划,能够在保护林业生态环境的前提下,实现林业经济的可持续发展。

近年来,环境问题一直是人们所探寻的课题,越来越认识到环境关系着我们每个人的切身的利益。如果有一个好的环境,能够提高我们的生活质量,我们的身体会更加的健康,我们每天可以愉快的工作学习。基于以上的几方面我们的探索之路在不断地拓展,走可持续发展之路是当今社会的必然趋势。本节从森林的角度出发,从不同的角度看待问题,提倡林业的环境保护,对于其深远的影响进行了详细的分析阐述,加深人们的认识程度,使人们更加自觉的加入到环境保护的行列中来,一切的活动只有广泛的调动全民的积极性才会得到最终的想要的效果。目前,在林业产业生态保护这块我们取得了很大的进步,关键在于整体的构思,以及大力倡导响应国家的号召政策密不可分的。今后的环境保护可能会遇到很多的问题,但是只要我们积极地面对,在实践的过程中不断找到问题的解决方案,一定会取得更好的成绩。

第二节 林业经营与森林生态环境发展

随着我国社会经济的发展,生态环境问题日益严峻,人们开始意识到不能以牺牲生态环境为代价换取经济发展,提高了对生态环境保护的重视程度。森林是维护生态环境平衡的关键,因此将森林生态环境发展作为了保护生态环境的重点,对林业经营提出了更高的要求,这使林业经营迎来了新的发展机遇,也面临着更加艰难的挑战。为了使林业经营与森林生态环境发展协调发展,就必须对林业经营与森林生态环境发展策略进行深入的探究,从而以科学、合理、有效地手段促进森林生态环境发展。

一、推广林业经营的重要意义

现如今,我国的社会经济水平有了显著的提高,加之科学技术的逐渐进步,这在为人们带来优质生活的同时,还使得环境问题日益严峻。为了缓解环境生产带来的压力,推广林业经营就成了其中的重中之重。推广林业经营的目的就是在将科学技术应用在森林生态环境发展中,促使林业经营效率和质量的提升,从而提高林业经营的实用性,进而产生新的林业经营生产方式,实现林业经营与森林生态环境协调发展。因此,在推广林业经营的时候,不仅要将科学的林业经营方式先林业生产者和经营者普及,还要使林业生产者和经营者树立正确的林业经营意识,重视新型林业经营的重要性,使林业经营与森林生态环境发展能够相互融合,确保林业经营的顺利进行。

作为我国生产经营中的关键环节,林业经营对我国林业的发展有着极其深远的影响。推广林业经营可以在扩大我国森林覆盖率的同时,为我国林业建设指明前面的方向,使林业建设更好地为生态环境的改善而服务,调整我国的林业生产方式,实现我国林业生产的现代化,转变了我国的林业生产力,增强了在林业防虫防害方面的投入力度,从而以林业经营为基础,实现我国森林生态环境的可持续发展。

二、林业经营与森林生态环境发展中的缺点和不足

(一)缺少对森林资源的保护

森林系统是我们重要的资源之一,其中蕴含着极其丰富的植物资源,是动物生活的天堂。但是很多偷猎者却将枪口对准了森林中的动物们,加之滥砍滥发情况的出现,使得森林系统遭到了破坏,这也让保护森林资源的难度逐渐加大。在日常的森林

系统管理中,由于一些林业管理单位需要管理的森林面积较大,为了提高森林管理的效率和质量,就必须投入大量的人力和物力,并以科学技术为依托,实现对森林资源的全面管理。可是很多森林管理单位却没有做到这一点,使得森林管理的工作人员需要面对极强的工作压力,出现了应接不暇的情况,甚至对森林管理出现了抵触的心理。加之,我国还未意识到森林资源的重要性,使得在森林资源保护方面的投入不足,一些地区的林业经营还与个人利益有着千丝万缕的联系,使得森林资源出现了分配方面的矛盾。

(二)缺少对森林资源的合理开发

由于我国对森林资源的重视程度较低,使得在森林资源管理方面缺少充足的管理资金,导致森林资源的管理人员待遇较差,且缺少开展林业经营的资源和条件。一些森林资源的开采人员,缺少专业的开采技能,没有高素质的技术型人才来确保森林资源开采的合理性和科学性,使得森林资源遭到了无法估量的损失,也让林业系统无法吸引外部投资,让森林资源的开采形成了恶性循环,森林资源开发效率和质量较差的问题愈发严峻,使森林资源的损失和浪费成为阻碍林业系统发展的重要因素。

(三)缺少林业经营的产业化

虽然我国已经颁布并实施了一系列的法律制度对森林资源进行保护,可以这些制度在实施过程中却存在一定的问题,使森林保护与林业经营之间存在较大的矛盾。导致表面看起来提高了森林的覆盖率,实质上却对森林资源的经济利益造成了不利的影响。而且缺少与林业经营相匹配的市场体系,让林业经营的产业化发展水平较低,阻碍了森林资源重要性的发挥。在林业经营的产权、股份等方面的划分时也缺少可以依据的制度和标准,让森林资源的开发和利用出现了偏差。

三、林业经营与森林生态环境发展的策略分析

(一)充分发挥造林活动的价值

为了确保林业经营的顺利开展,就必须丰富树木的种类。要想实现树木种类的多样性,就要充分发挥造林活动的价值,在造林活动中种植一些新的树木品种。值得注意的是,在选择树木品种时,必须结合当地的林区特点和树木的生物性进行综合考量,提高树木品种选择的科学性和合理性。还要提高对当地气候和地质等因素的重视程度,从而为造林活动提供良好的支持和保障,实现造林活动的系统性和规

范性。

（二）对破坏森林资源的行为进行控制

由于一些地区的森林资源管理人员缺少相关的管理意识，导致森林资源管理方面缺少应用的管理力度，一些森林资源管理人员甚至存在敷衍了事的心理，使得森林资源得不到良好的管理和保护。我国制定并实施的森林资源保护制度具有极强的科学性，因此在日常的森林资源管理中必须实现制度的贯彻和落实，避免滥砍滥发现象的出现，实现对森林资源开采程度的全面把控，降低过度开采情况出现的概率。还要在林业经营中将森林生态环境作为核心部分，也是一切林业经营工作开展的重要，使森林资源得到良好的保护。

（三）在林业经营中实行分类经营管理的模式

林业经营中的分类经营管理模式可以实现对森林资源的精细化管理，对森林资源的开采进行了良好的规范。而实施分类经营管理的前提则是森林功能中的差异性，这也是分类经营管理的目的所在，提高了林业经营的科学化。

林业的分类经营管理可以充分利用已有的森林资源，使森林资源的利用收获更多的经济效益和社会效益。主要是将森林资源的功能进行合理化的区分，实现森林资源生态和经济的区分。顾名思义，生态主要是森林资源中蕴含的生态利益，经济则是森林资源中蕴含的经济利益，使森林资源得到了细致的规划，从而实现了森林资源保护的针对性，提高了森林资源保护的效率和质量。在日常的森林资源管理中，还要重视森林资源的部分开采，使森林资源中的经济部分能够具备良好的自我恢复性，为接下来的生产和加工奠定坚实的基础。

（四）实现森林资源与农业生产的有机结合

在国外已经对森林资源的生态利益和经济利益进行了详细的剖析，因此我国在森林资源管理时可以借鉴国外的经验和技术，并结合我国的实际森林资源情况，实现森林资源管理方式、生产方式的转变。可以将森林资源与农业生产进行有机结合，从而在森林资源为主导、农业生产为辅助的生产模式中，实现森林资源生态效益和经济效益的提升。例如，可以在森林中种植一些药材，利用森林资源为药材种植提供良好的条件，使药材种植更好地提高森林资源的经济效益，提高森林资源的经济性和环保性。还可以对土地资源进行充分的利用，例如一些地区在森林资源中采取"梯级"种植方式，就是在山区的上面种植树木、下方种植花卉，还可以在间隔的地上种植其他农作物，当收获时农作物可以提高森林资源的经济加之，而树叶和青草等还可以作为饲养牲畜的饲料,提高了森林资源的利用率。

在森林资源的管理中,必须将林业经营与森林生态环境协调发展作为日常工作的首位,积极探寻促进林业经营与森林生态环境发展的方式,从而为我国的社会和经济发展奠定坚实的基础。

第三节 林业发展对生态环境保护产生的重要作用

森林资源的存在能够有效的净化空气,调节地域的气候,做好节能减排工作,作为林业文化建设的根本,森林资源作为野生动物生存的主要地区,具有丰富的可利用资源。做好森林资源的有效应用,能够全面促进我国社会经济的发展和生态环境的建设,之所以要加强林业建设发展,目的是做好生态保护,全面提高人们的生活水平。本节主要对加强林业发展对生态环境保护生产的重要作用进行了详细分析,探讨了在现阶段我国生态保护工作开展过程中所存在的问题,指出了相应的解决方案。

随着中国经济的发展和社会的进步,人们对林业生态的保护越来越重视,目前已经成为了当前我国生产发展以及社会经济增长的关键性内容,林业生态环境保护工作的主要目的是对生态环境进行有效平衡,促进各类林业产品在市场的有效流通,关乎到整个林业资源的可持续发展。因此,需要结合当下的生态环境保护工作的开展现状,为林业生产奠定良好的基础,制定出实用性的生产策略提高林业生产水平。在我国社会建设的过程中,经常存在着土地开采过度等问题,为生态环境带来了较大的破坏,不利于生态建设可持续发展,需要加强对环境保护,明确生态林业对生态环境保护的促进作用。

一、林业发展对生态环境保护产生的主要作用

(一)林业发展为生态环境提供基础保障

森林资源是当前我国林业经营管理过程中的主要管理对象,具有规模庞大的特点,林业资源本身属于具有一定循环性的经济载体。随着近年来我国对林业管理重视程度的不断提高,需要不断的优化当前我国的林业管理机制,建立起优秀的管理模式,满足林业发展的新要求。同时还需要结合科学技术的应用,来保证新型管理模式的现代化建设,全面提高产业的劳动生产效率,对林木资源的保护制定出切实可行的计划,让森林资源建设变得越来越科学性、合理性。同时,生态系统需要发挥出可循环的高效率作用,满足人们的物质需求,促进生态环境的良性发展。

（二）林业发展满足生态环境的社会要求

为了更好地实现生态环境平衡发展，就需要帮助人们树立良好的生态环境保护意识，让人们能够自主地参与到生态环境保护方案的实施过程中，因此，需要明确林业生产结构，结合实际的林业文化建设内容，来自主建立具有权威性的宣传条件。通过多媒体、互联网等新型技术的应用，做好人们森林保护意识的传播，充分发挥出林业发展过程中的森林资源价值，全面促进生态林业的可持续发展，通过森林资源所具有的循环功能，来帮助人们正确地认识到森林资源对我国社会经济发展所具有的重要作用。通过不断的传播生态发展理念，让人们之间互相影响，建设出合理的保护森林资源、促进经济发展、维护生态环境、共创美好家园的城市发展体系。

（三）林业发展对生态保护的决定性影响

结合当前我国的区域发展特点来看，湿地和森林已经逐渐成为我国陆地生态系统的主要内容，在生态环境保护工作开展的过程中，需要有效的保证森林和湿地能够发挥出其所具有的作用和效能，全面推动生态环境的可持续发展。其中与森林有关的产业大部分已参与到地球化学循环过程中，能够全面促进生态系统中的生物和非生物之间的有效转换，是维持生态系统稳定发展的关键性因素。因此，需要全面提高对生态系统的保护能力，有效降低自然灾害，促进工业化发展，在提高社会经济效益的同时实现节能减排，让人们了解到森林资源发展所具有的重要性。

二、助力林业资源的可持续发展

（一）科学化发展技术的应用

想要实现林业的可持续发展，就需要对资源基础提供保障，采用先进的科学技术对森林资源进行保护，在社会发展和建设的过程中，需要改变传统的粗放式管理模式，不断加强信息化在造林过程中的有效应用，让森林结构变得更加合理化，从而实现多样性生态发展的客观目标。同时需要奠定一个良好的经济发展基础，为全面提高林业的发展质量保驾护航，还需要保证资源的充足性，充分发挥出了森林资源所具有的应用价值，借助科学的管理方式，促进节能环保木质产品的研发与生产，满足绿色型、环保型健康社会发展的客观要求。实现生态系统的平衡发展，全面提高经济效益，发挥出科技生产的应用优势，做好生态系统自然资源的开发，满足资源的再生化发展需求，促进我国森林生态系统的多样化发展。

（二）林业生态效益和经济效益的平衡发展

林业所具有的经济效益和生态效益之间具有相互依存的关系，因此需要在工作开展的过程中，结合当前经济发展的时间，为经济增长提供一个良好的发展势头，同时需要充分发挥出经济效益和生态效益平衡发展的积极作用，不能只注重生态环境的创建，而放弃了林业的经济增长，需要保证经济效益的平衡发展。在有利的经济实力支撑下，对于生态环境开展保护，因此，需要全面落实生态效益经济这一发展概念，合理的平衡生态效益和经济效益之间所具有的联系，不断优化林业的经济结构，以市场需求为导向，加大对新产品的开发，促进森林旅游业的发展，调整生产布局。在进行林产品结构的调整过程中，需要努力的开拓木材产品的应用市场，不断延伸森林产业链，保证产品结构的合理性，全面提高产品的市场竞争力，改造传统的生产产业，借助信息和高科技技术来创建新兴产业发展模式，实现产业重组的目的。

随着我国可持续发展战略的实施，社会经济在进步和发展的过程中，不能够以破坏环境来作为代价，需要通过积极的经济建设，充分认识到当前我国生态保护的现状，明确做好生态保护的重要性，不断地强化生态林业建设，营造出一个人与自然和谐共处的生活环境。森林是地球上陆地生态的主体内容，其保护工作的开展直接影响到全球经济的发展状况，因此，相关机构和工作人员需要全面提高对林业工作的重视程度，促进我国林业的有效发展。

第四节　林业生态环境的改善与园林绿化的发展

在经济高速发展的今天，人类牺牲了生态文明以获取更好的经济建设，导致自然环境恶化。过去，生态文明的建设一直被忽视，如今世界各国逐渐开始关注生态问题，对林业生态环境和园林绿化发展进行了研究，提出了一些相关的改善措施。本节就林业生态环境的改善与园林绿化的发展进行阐述。

林业和园林绿化的建设以及保护工作对现实社会具有深刻的意义，这不仅仅局限人类生活环境是否健康、适宜的问题，还关乎社会经济能否长远发展的问题以及整个社会文明的进步。森林、绿地可以提高空气质量、防风固沙、调节气候、过滤尘埃等。为了全球可持续发展，推进林业生态环境和园林绿化的建设和保护工作，解决林业生态环境恶化问题刻不容缓。

一、加强林业管理、改善生态环境

随着可持续发展理念的不断发展，生态环境及园林绿化的可持续发展已经被国际社会广为关注,生态环境的改善是一个重大问题,亟待解决。纵观人类文明的发展,人类从原始社会文明到农业社会文明再到工业社会文明,现在已经到了二十一世纪——人类建设生态文明的时代。生态文明就是以"自然 - 经济 - 社会"为主要价值观,以可持续发展为原则,通过节能生产、减少污染、节约能源、循环使用、保护环境来实现可持续发展战略的目标。在经济高速发展的今天,人类文明得到了新的进步,然而人类的生存环境却面临巨大的挑战。森林是大自然的重要组成部分,要解决生态环境的改善就需要改善森林状况,而森林状况优劣是建立在对林业的改善之上的。世界各地都把林业的可持续发展作为生态文明建设的首要任务,我国必须从各个方面来加强对林业管理工作的重视,不断为林业生态环境的改变做出努力。

二、林业生态环境恶化成因及改善措施

(一)林业生态环境恶化的原因

1. 快速经济发展引起的过度的砍伐

我国经济的不断发展,作为全球第二大经济体系,木材的需求和使用都不断的扩大,为了提高经济的发展速度,很多地区的林业资源的开发利用已经远远的超过了大自然的承受能力,过度的开发导致生态环境遭到巨大的破坏。林业部门对森林保护不够重视,没有及时意识到林业保护的紧迫性,于是森林出现了负增长的状态。

2. 林业资源生长低于林业资源消耗

受到城市发展过快导致生态环境恶劣的影响,树林没有良好的生长环境,于是生长速度缓慢,近年来,各部门已经意识到城市和生态需要并重发展,于是开始大面积栽种树木,这又大大增加了对林业资源需求量,林业资源的生长赶不上林业资源的消耗,呈现了林业资源生长量与消耗量不平衡状态。

3. 过度开发林业资源导致生态系统破坏

森林资源不仅包含普通的林木资源,更包含着与森林共存的野生植物、动物以及微生物等成员,因此森林的存在是物种多样性的保证。而由于人们对于林业资源的过度开发,使得森林生态系统得到毁灭性的破坏,进而整个生物种群失去了赖以生存的环境,生物多样性也同样遭受严重的影响。

(二)改善林业生态环境的措施

1. 采取封山育林措施

在地区原有林业资源的保护工作中,地方政府以及有关部门需要进行封闭式的管理,加强执行封林措施和力度。要对广大群众进行加强森林保护的宣传,加深人们

对森林保护的理解程度,树立起森林保护的意识,政府可采取以家庭为单位执行承包制度,使得森林保护工作顺利进行。

2. 遵循因地制宜的原则

对于不同的地区不同的树木情况,应当因地制宜,结合土壤条件选择适合的树种来采取不同的保护措施。在林业资源恢复的过程中,林区除了引进相关树种,也可以对土地进行必要的处理,以使得相关的野生植物能够与树木共同生长,保证森林生态系统物种的多样性。可以考虑种植一些既符合当地生态环境又有商业价值的树木,既扩大了森林的覆盖面积,又能增加树农的种植积极性,同时也能带来一定客观的经济收益。

(三)园林绿化的发展

我国人均土地资源不足,城市用地人均较低。与其他国家相比,工业用地定额很高,但是生活用地、绿化用地却显得十分紧张。近些年我国在城市园林绿化建设上有了很大的发展。人均绿地面积以及人均公园面积逐渐扩大。但是园林绿化的发展存在着很大问题,从"质"的方面来看待,城市园林依然存在着一些薄弱环节,例如公园绿化环境的质量不高,绿化建设的比例失调,植物配置尚未充分提高到生态环境兼美共存,植树成活率及其保存率较低等。

对于园林绿化发展的问题,应当做到加强统一规划,对园林绿地进行科学地设计和规划,采用先进的栽培技术,恰当选择适合当地种植的植被,是必不可少的。对植被的生长环境和习性等作处全面分析,遵循植物本身的生长规律,选择性的引入外来物种,这不仅提高了园林植被的存活率,而且,在一定程度上使我国城市园林建设科学合理性得到了有效的体现,进而更好地满足了人们对园林绿化多样性的需求,实现人与自然的和谐共处。与此同时,在园林的建设风格上,工程师应该结合当地的人文特点,在达到城市园林可持续发展的基础上,尽量让园林更加具有特色,充满文化气息。另外,协调经济、资源、社会、环境之间的关系,为实现建设"绿色"生态化国际大城市的目标共同努力,要公正的享受自然资源,要公正的对待自然资源,实现经济社会、自然环境的可持续发展。

经济发展固然重要,在追逐经济利益的同时要协调好生态环境的发展,不能赢得经济破坏生态环境。大自然需要人类的保护,提高林业发展和园林绿化是保护生态环境的重中之重,明确三点林业环境恶化的原因,做好封山育林、因地制宜两样措施,对园林绿化发展现状透彻分析,解决园林绿地的发展问题,如此才能保护改善生态环境,使其健康循环发展,做到和谐发展、可持续发展、公正发展的良性生态经济环境。

第五章 林业技术

第一节 林业技术推广分析

随着社会对自然环境保护意识的逐渐加深,林业技术得到了较大的发展。同时林业技术推广也是现代生态建设、环境保护的重要事业,是推动生态发展的重要部分。由于技术等多方面存在缺陷,我国的林业生态发展还存在诸多问题,因此分析林业技术推广在生态林业建设中的问题具有重要意义,可以推动我国环境保护事业的发展。

林业技术推广是现代林业生态事业建设中较为重要的基础性、常态性工作之一。技术的推广需要基于先进且切合实际的技术,并有效结合现代林业科技成果进行数据转化,从而为我国林业生态事业发展提供可行性意义。

一、林业技术推广存在的问题

现代林业技术与传统林业事业相比,是一种水平和层次较高的发展模式,主要强调了现代技术在林业生态事业发展中的贯穿运用。林业事业生产包含林业资源的合理配置以及信息技术等,具有立体性、综合性的特点。技术推广作为林业生态事业中的重要环节,对于其发展具有重要的影响。就目前来看,我国林业技术推广主要存在以下3点较为突出的问题。

林业技术推广人员素质有待提高。技术推广看似是一项较为简单的工作,但是实际上其在一定程度上需要有专业知识作为基础,所以对于技术推广人员的职业能力、素养以及协调组织能力具有一定的要求。技术推广人员在林业技术推广中扮演着重要的角色。我国当前的林业市场看似发展状态良好,但是从相关调查的数据上来看,我国当前的林业技术推广还有待强化,技术推广人员的素养也有待提高。林业技术推广人员的素养缺失对于生态林业建设具有一定的约束性,进而使林业技术推广存在一定的滞后性,在一定层面上极大地影响了林业技术推广事业的有序发展以及生态林业发展战略目标的有效展开。

林业技术推广资金缺乏。林业技术推广不仅需要有一定的专业知识作为支撑,较为依靠林业技术推广人员的能力,其对于资金也有一定的需求。目前,由于人们对林业技术推广不重视,林业技术推广的资金缺少,林业技术推广在实行时难以展开,尤其是在基层地区表现最为明显。林业技术的发展与推广存在着资金严重不足的现象,其体制普遍缺乏系统性的编制、一定的办公条件以及软硬件设施等,这严重制约了生态林业技术的发展与推广,给我国生态林业的发展造成了阻碍。

林业技术推广方式单一。在技术推广过程中,推广的手段、方式是最为重要的支撑点,其在一定程度上直接地影响着技术推广的时效性,从而决定了技术推广的最终成果,这也是衡量林业技术推广人员业务能力的重要指标。因此,林业技术推广人员应当尽可能地强化技术推广手段,使推广方式多样化,从而拓宽林业技术的推广渠道。目前,由于人们的思想重视不足,人员、物资等较为缺乏,我国林业技术在推广、发展过程中缺乏时效性,进而在一定程度上影响了林业技术的推广效用。

二、改善林业技术推广工作的有效措施

作为现代生态林业保护、建设中的重要环节,林业技术推广既代表着生态林业保护的发展空间,也是使林业技术深化的重要支撑,同时也是林业技术延伸的重要渠道。所以不断地改善与强化林业技术推广工作的整体效果,需要从当前时期林业技术推广中的实质问题入手,并根据实际情况采取科学有效的措施。具体可以从以下3个方面入手。

强化林业技术推广团队的能力。由于林业技术推广需要有一定的技术以及专业性作为支撑,所以其对林业推广团队也具有一定的要求,因此在进行林业技术推广时需要拥有一支高素质、高技术的专业团队。由于林业技术推广工作无法离开推广人员,因此林业相关团队应当积极组织牵头,不断地加深林业技术推广的工作关联,健全相关教育体系,构建完善的林业技术推广人员培训系统,从而促使林业技术推广向着专业化方向发展。各方相关部门应当借助有效途径,推动林业技术推广工作以及教育的多元化发展,有效提升技术人员的素质和能力,充分发挥出林业技术推广工作的效用。

更新工作观念,加大资金投入。目前,林业技术推广工作的有效展开不仅需要一支专业、高素质的团队,同时也需要有一定的资金支持。我国当前的林业技术推广工作在生态林业保护建设事业中具有一定的重要性,但由于传统观念的影响,多数部门对于现代林业技术推广工作仍然不甚重视,现代林业技术推广工作无法顺利展开,所以相关部门的认知依然有待提高,只有这样,才能助力于林业技术的开发和推广,进而实现生态林业建设的自然生态效益。各级林业管理部门应当不断更新林业

保护工作的观念，真正地意识到林业技术推广对于现代生态林业建设的重要性，并在现代林业技术推广工作中给予一定的资金支持。相关政府部门可以充分将本地区的林业保护工程纳入到政府年度财政预算中，进而为林业技术开发、推广提供专项资金支持。此外，还要广泛探索林业技术推广渠道，建立多层次、多方面的林业技术推广投入机制，进而保证充足的生态林业建设资金，使我国现代生态林业建设发展得到有效的保障。

完善推广策略，强化推广业务能力。由于我国现代林业技术推广缺乏有效的专业团队和专项资金的支持，我国现代生态林业建设效果不明显。各级部门及相关单位除了要培训林业推广团队、加大资金投入外，还要不断地进行林业技术创新，通过新的推广方式与渠道丰富、完善林业技术推广服务体系，从而强化林业技术推广能力。如合理地使用现代互联网信息技术，并购置电脑、土壤水分养分检测仪、叶绿素检测仪、GPS、种子检测仪等办公设备。此外，还要完善相关的职业技术培训系统，充分发挥出其带动作用，进而形成多元化、多层次的现代林业技术推广服务体系，改善现代林业技术推广效果，提高现代生态林业建设的自然生态效益。

现代林业技术推广存在团队专业性不足、资金缺乏等诸多问题，影响了现代生态林业的建设与发展。所以应当重视林业技术推广的团队建设，加强对林业技术推广的资金投入，完善林业技术推广策略，使现代生态林业的建设发展更进一步。

第二节　林业技术创新的发展及对策

在我国现代经济的发展中，现代林业经济占据着重要的位置。林业的发展是促进工业化时代我国经济提高的助力，林业规模的扩大还可以让树木保护我们的环境。为了促进现代林业的发展，进行林业技术创新是非常有益的。现代技术发展迅速，我国林业必须寻找新型的技术才能改善我们的生活。

林业技术的创新和现代林业的发展可以提高林业从业人员的经济收入，推动着我国不断发展，还可以让我国跻身于科技强国之列。但是目前我国在林业技术创新中到底存在什么问题，如何解决和克服这些困难，就是本节重点研究的部分。

一、加强林业技术创新的意义

现代社会各行各业激烈竞争飞速发展，对于林业经济加强技术创新具有重要的意义。加强林业技术创新，可以让我国的林业从种植到迈向市场都有现代科技的把关，可以获得更高的经济收入。还可以在生态环境保护方面做出贡献。例如，为了发展林业需要种植大量的树木，以保持水土，还可以清洁我们的环境。加强林业技术创新，还可以通过传播林业新型技术或者转卖专利等方式，获得财富，提高我的国民生产总值，提高我国的经济发展速度。

二、我国在进行林业技术创新方面遇到的困难

林业技术创新人员素质有待提高。在进行林业技术的创新中，林业技术创新人员作为主力军，是推动林业向前发展的贡献者。因此他们的专业素质就显得非常的重要。但是目前我国的林业技术研究中，研究人员的数量较少，且多数没有受到专业的技术培训。因此在研究林业新技术上就会面临很多的技术难题。再加上从事林业研究工作的人员较少，就更会阻碍了我国林业技术的研究创新。因此要想让我国的林业向以科技为主导的方向发展，就必须加强对林业技术创新人员的教育。

对于林业技术创新不重视。林业经济作为我国一个传统的产业，长时间以来，人们习惯了这种产业的运作方式，一时间很难以接受由于技术的创新。因此林业技术的创新就不被人们所重视。人们在这种不重视的情况下，就会导致我国的林业逐渐落后于世界水平。面对林业发展过程中出现的一些问题，也没有相应的先进科学技术去解决。我国林业给国家带来的经济优势也会逐步的减退，影响人民的经济水平与生活水平，也不能促进我国的进步。改变人类对于林业技术创新的观念，让人们认识的林业技术创新的重要性，是非常重要的。

林业技术与实际工作联合不紧密。任何技术的创新，都需要与实际的工作相接轨。林业技术的创新也必须与林业的实际工作相结合，要真正地投入到林业工作中去。但是目前在我国，林业技术创新研究的成果较少，且没有进行大规模的推广和应用。研究先进技术一直致力于林业之外的领悟，林业技术发展非常缓慢。这种情况也大大地阻碍了我国林业经济的发展，为了更好地提高林业经济，我们必须要加大林业技术的转化率，让林业技术早日为我国林业做出贡献。

三、解决林业技术创新困难的有效措施

加强林业技术创新人员培训工作。林业技术创新人员专业素养较差的情况已经严重阻碍了我国林业技术创新的进程。为了改变这个情况，就必须加强对于林业技术创新人员的专业培训。让他们多看有关林业技术创新方面的书籍和专著、论文等等。还要吸引高学历的林业技术方面的人才，为我国的林业技术创新所付出，并在各地打造一支专业的林业技术创新团队，让我国的林业创新技术能够蓬勃的发展，让林业技术的发展能够迈上一个新的台阶，让林业为我国带来更多的经济财富与技术

财富。

加强宣传林业技术创新重要性。要想让林业技术能够顺利地进入真正的实际工作中,就必须大力地进行宣传,通过印发书籍、传单、横幅等形式让人民多多了解。还可以通过电视、网络、报纸等将运用先进技术的林区进行展示,让人们直观地感受到林业技术进步的好处,引发人们多多关注林业技术领域。解决人们对于林业技术创新不知晓不关注的问题,用人民的力量推动着林业技术的创新发展。

创设机构,促进技术与实际接轨。我们要不断的推动着林业技术研究的研究条件发展,让林业技术研究人员能够在更好的条件中进行研究创新。同时还要开设一系列的林业技术研究机构,加大资金力量,配备先进的研究设备,引进林业技术研究人才,让我国的林业研究实现巨大的突破。另外我们还要将林业技术与实际相结合,从实际工作中寻找灵感。让林业技术创新工作能够蓬勃的发展,让林业产业真正体验到技术创新所带来的希望。

重视林业经济的发展就是重视我国的整体的经济发展,提高林业技术就是在促进整个林业行业的发展。林业的不断发展和林业经济的不断扩大给我国带来了巨大的经济收入和环境效益。为了更好地进行林业的发展,我们必须努力做好林业技术的创新工作,让新型技术提高我国林业发展的速度,为我国经济建设工作添砖加瓦。

第三节 林业技术创新对林业发展的影响

改革开放以来,我国经济发展迅速,林业也得到了全面发展。经济发展过程中,许多林权所有者为了自身经济利益,大量砍伐树木,导致林业资源不断减少,环境污染问题严重。因此,相关人员将科学技术融入了我国林业生产过程中,并取得了显著成效,但是仍然存在很多问题。为加强林业技术创新,有效管理林业资源,促进林业进一步发展,分析了林业技术创新对林业发展的重要性以及我国林业技术创新现状,并对此提出改善建议。

林业是我国经济发展的关键部分。随着社会不断发展,市场对于林业发展的科技水平要求逐步提高,因此,加强林业技术创新已经成为我国林业发展亟待解决的问题。基于此,对林业技术创新对林业发展的重要性、林业技术创新现状进行概括,提出了林业技术创新的完善措施。

一、林业技术创新对林业发展的重要性

我国森林资源极度短缺,林业发展结构不合理,再加上林业技术水平不高,难以

跟上时代发展的步伐,林业发展问题突显。而加强林业技术创新,可构建林业产业体系,促进林业经济进一步发展。在社会高度发展背景下,智能化与自动化设备的大力推广,可有效协调林业发展与生态环境之间的关系,也可应用于林业生产过程中,通过多元化的林业生产技术,使林业生产更专业化,以保障林业发展快速进步。现阶段,在林业发展过程中,传统林业生产技术已经不能满足林业发展的需要。因此,应大力推进林业技术创新,促进林业发展,进而推动林业经济发展。此外,林业技术创新还能够为林业相关部门进行监管工作提供便利,并为生产产业化与集约化奠定基础。

二、林业技术创新现状

调查显示,多数林业部门人员创新主动性较差,员工缺乏积极性,且部分林业部门甚至无技术创新环节,不仅会对林业发展造成影响,也会导致林业部门转型困难,林品生产减少,在一定程度上阻碍了林业经济的发展。而且,当前林业部门多数人员缺乏创新意识,在工作中只是依照传统的管理方法工作,导致林业林业技术创新困境重重。此外,当前林业部门在技术创新方面的科研成果较少,而部分林业部门科研成果在实际工作中运用也较少。造成这种现象的原因可能是缺乏科学管理与技术创新人才以及技术创新资金较少,使得多数林业部门研究进展受到一定阻碍,进而影响了林业技术创新。

三、林业技术创新的对林业发展的影响

优化林业资源种植结构林业部门要加强技术创新,需要对传统林业管理、技术、经营体制予以改革,使其可适应新时代经济发展。社会发展中,应尽力突破土地的制度性障碍,并适当优化各区域的林业资源种植结构,发展各种类型绿色产业。此外,林业部门还应及时了解林业行业发展现状,并尽力优化市场环境,以促进林业可持续发展。

保障林木品种多元化林业产业结构主要体现于所种植树木的品种。同一植物品种经过长时间生长繁殖,会出现品种退化、抗逆性减低、生命衰退等现象。而且,当前市场对于林木新品种需求量增多。因此,林业管理人员应及时调查树木种植及生长概况,定期培养新品种,创新新品种培育技术,优化产业结构,以满足市场发展需要。

促使林业朝数字化管理方向发展现阶段,在林业发展中,病虫害为害现象严重,导致林木授粉率与成活率较低,加上传统管理模式无法精准管理与控制林区的温度与水分,导致林业发展受到影响。林业技术创新应将传统粗放型管理模式转变为集

约型的管理模式，在林业管理中利用先进数字化管理设备，对林木进行精细管理，了解林木的温度、湿度、光照等，同时利用新进的设备测量土壤养分含量，准确分析林木的肥料供给，调节林木生长，保障林区环境更加适合林业发展。

提高员工技术创新意识林业部门应加强技术创新意识，及时与员工沟通，了解公司发展出现的问题与技术创新困境，积极采取应对策略。应告知林业人员技术创新对于林业发展的重要价值以及对员工自身的影响，明确技术创新在市场中发挥的价值，提升员工技术创新意识，促使其多与部门科研人员交流，明确研究方向与技术创新趋势。在发展林业经济过程中，对生态环境予以重视，真正实现技术创新与可持续发展并行。另外，积极调动员工工作积极性，促使部分员工投入到技术创新研究中来。相关部门应以市场调查资料为基础，加大对于技术创新资金投入，保证技术创新科研成果符合市场发展需求，刺激林业经济发展。

坚持可持续发展现阶段，经济快速进步与发展，导致林业资源被大量砍伐，很多地区沙漠化、水土流失严重，破坏了生态平衡，对人们生活造成很大影响。因此，在促进林业技术创新的同时，应注意林业可持续发展，应在保护环境的同时，发展林业经济，为林业发展提供良好的市场环境。（1）在可持续发展前提下进行技术创新，应注意大力推进生态建设，并创建生态产业链。可将监控系统、自动化生产管理系统、物流平台、电商平台等技术创新应用于林业发展中，能够为林业发展增加活力，也可为生态链形成提供基础技术保障。（2）以当地地区优势与资源优势为主，进行乡村建设，例如旅游、文化、养老等。3）做好林业技术改革，及时淘汰不符合市场发展与可持续发展理念的产品，同时防止在区域内部同行业产品竞争过于激烈，影响林业可持续发展。

加强林业管理在林业资源管理过程中，多数管理人员发现林业病虫害问题较为严重，影响了树木正常生长。因此，应不断加强资源管理，完善技术创新方式，利用现代高科技技术进行林业管理，以促进产业发展，完善产业链条，提升农林行业经济水平。扩大林业资源供给，积极发挥人工林在竞争中作用。加强林业管理，应注意林业技术创新，在技术创新背景下，明确管理目标，定期考察管理成果，并以此为基础改善管理方式，增强管理效果。林业发展要想得到快速发展，就应将技术创新与管理结合，发挥不同地区林业资源特色，并培养专业技术人才，为林业发展提供基础人才储备，确保林业顺利发展。

随着生态文明体制改革推进，传统林业生产已经无法满足市场发展需求。因此，林业部门应加强技术创新，提高林业生产效率，促进林业发展。另外，应与部分地域林业经济发展技术成果结合，使林业发展朝规模化与产业化方向发展。加强林业管理，优化产业结构，使林业经济发展能够满足可持续发展的战略需求，才能保障林业经济稳定发展。

第四节　林业技术中的造林技术分析

我国林业取得突出的成就，造林一直是林业建设和发展的关键和重点，同时也是林业工作的基本所在。实践证明，林业建设对于提升生态环境质量，促进和谐社会有重要的作用。从当前造林管理现状可知，需要了解造林阶段存在的各种问题，按照技术要求实施。本次研究中以林业造林现状作为基础，对如何做好造林管理进行分析。

为了保证林业的有序发展，相关部门需要联系实际情况，合理进行规划和处理。根据造林技术的具体要求可知，在日常管理中需要提前对规范机制了解，发挥现有林业规划体系的最大化作用，保证其合理性。但是在实践中受到其他因素的影响，存在不同类型的问题，造林管理难度提升，甚至存在其他类型问题，导致林业管理不容乐观。相关工作人员要从现状入手，提前对技术进行分析，发挥技术形式的最大化作用，实现技术再利用。

一、林业技术中造林技术现状

我国林业发展起到重要的作用，根据现有技术方案和规划要求可知，在整个实践阶段要发挥现有技术形式的最大化作用，从造林处理现状入手，保证其合理性。以下将对林业技术中造林技术现状进行分析。

技术应用不合理。造林技术类型比较多，受到多种因素的影响，如果不及时进行管理，则会增加造林管理难度。因此在实践中需要从实际情况入手，合理引进造林技术，发挥不同技术形式的最大化作用。但是在实践中受到其他因数的影响，很多技术无法应用到实践中，树苗抚育难度增加。针对其特殊性，在技术应用阶段要进一步绿化市场化管理机制，采用动态化养护方案，坚持依法治林。

技术人员素质有待提升。林业技术种类比较多，对工作人员自身也有严格的要求，针对具体管理现状可知，技术人员要提升自身综合能力，掌握不同技术的操作方案，按照需求和要求落实。但是部分技术人员仅按照经验进行，对现有几首方案缺乏了解，进而导致技术无法及时落实，甚至存在其他问题。

养护管理不到位。根据林业发展和管理基本要求可知，养护管理是重点，适当的养护能提高树木存活率。在施工建设过程中，需要对林地树木进行有序管理，限期更换,加强苗木扶正缓和支撑。抚育是重点,在落实过程中存在养护管理不到位的现象,养护措施的落实是关键,如果无法执行养护管理,则势必对林业后续发展造成影响。

二、林业技术中造林技术分析

我国林业取得突出的发展成就,针对技术形式的特殊性,在实践阶段需要做好造林维护和管理工作,按照已有方案呵和要求实施。以下将对林业技术中造林技术进行分析。

做好造林设计和修正工作。林业生产不能照搬照抄,需要结合气候特点和位置等进行预设。因地制宜进行预设是重点和关键,在林业生产前,要全面进行调查和处理,对各类技术研究后,结合不同区域的林业生产能力科学合理的制定造林方案,仅为实现经济效益和生态效益的统一。此外需要结合林业发展方案和具体要求,对林业布局进行了解,考虑到树种和林种的数值变化可知,要能更好的提升造林存活率,需要做好基础改善工作。通过适当的修整后,改善树木生长环境,此外在生物性能分析过程中,为了全面改善生长环境,需要做好前期处理工作,包括:清除杂草、合理选择树种和施肥浇水等,通过多项措施的应用能改善土壤的生物性能。受到气候和环境因素的影响,要选择科学的植树方式,对于灾害性因素,要提前对各类因素分析,采用大面积播种的方式。

幼苗抚育技术。选种和播种是造林工作的起点,同时也是关键,在造林处理阶段需要结合区域性的土壤环境,气候对幼苗的生长有一定的影响。需要注意的是,选好种子后需要科学保存种子,对其进行有效处理后方能进行播种。种子发芽后需要将草席覆盖在芽上,等到发芽率超过70%后,将草席拿掉,直到发芽率达到100%。接下来将树苗进入生生长期,这个阶段的树苗比较脆弱,抗病能力差,需要做好管理,早晚浇水、悉心看护,同时需要结婚和苗木的具体长势进行补苗,促进树苗整齐生长。在夏季需要做好苗木的防晒工作,避免幼苗受到阳光照射,影响生长。进入到秋季后,需要合理施肥,不能灌水,保证幼苗根部正常生长。进入冬季后,做好防寒处理工作,避免幼苗冻害。通常情况下可以采用暖棚、盖草等保温措施,苗期和幼苗期不需要大量水分,不能过量灌溉,必须满足水分需求,适当灌溉处理。在不同的生长阶段,根系深度不同,只有达到根系规定深度后,结合不同土壤的具体情况进行处理,才能保证幼苗成长。

幼苗管理技术。幼苗管理技术是处理的重点和关键,强化林地管理,按照具体措施进行落实,能保证其合理性。在具体处理阶段按照实际造林要求实施,提前找好距离，挖好树穴。根据苗木等级可知，选择1级和2级苗木后做好造林处理工作，此类苗木生长状态好，苗木选择后及时林地，能提升苗木成活率。在栽种过程中，为了保证苗木的舒张性，对于裸根的苗木需要进行打浆处理。幼苗抚育处理能提升成活率，从整体上来说，对幼苗抚育有严格的要求，要及时修剪枝干，清除灌木和杂草，合理规划数目密度。施肥和翻垦能改善土壤环境，五月中旬以后，对幼苗进行处理，能使幼苗获得足够的水分和阳光。在7~9月份进行抚育管理后，能保证幼苗抓苗壮成长。通常情况下采用分工除草方式，效率比较低，随着机械化发展不断进步，需要做好冬季防寒管理，避免幼苗受到冻害。在这个时期通过覆盖塑料膜，加设屏风等方式能保证看护处理的合理性，避免对幼苗造成损害，进入到冬季后，需要做好防火管理工作。

分殖造林技术。在现代化林业技术应用过程中，对造林技术有严格的要求，在树苗培育过程中采用现有的树干或者根系进行处理，利用现有根系进行栽植后，相对于其他造林技术能起到完善的作用。除了上述优点外，分殖造林技术能起到节省时间和节省人力的作用，该技术形式科技含量比较低，林木秒的成活率较高。林苗成活后和原木相差不大，能保证原有优良品质。在分殖处理过程中。受到原木生长环境的影响，我国的分殖造林技术还是有很高的造林技术要求，同时数量也是较少。

中龄林管理技术。苗木进入到成熟期后，对树苗进行处理，能实现造林技术的合理性。在具体采伐阶段，结合树木的实际情况进行处理，合理采伐能带来经济价值，促进树木可持续生长。需要注意的是再次阶段，容易出现盗林的现象，需要加大树木保护力度，做好林业维护工作。一旦遇到明火很容易发生火灾，该阶段必须做好看护工作、巡逻工作，预防森林火灾，乱砍滥伐等行为。

三、如何做好林业技术的落实工作

为了促进林业的发展，相关部门需要结合实际情况，对具体工作方案进行落实，以规范化处理作为前提，不断促进林业的发展。

对林业结构进行调整。林业结构如果不合理，则对当地经济发展容易产生影响，针对结构调整方案和具体要求可知，对劳动力资源进行有效的干预是关键，如果资源无法落实，则势必阻碍乡镇发展，要想改变此类情况，需要对林业结构调整，保证结构转型升级。

在升级处理过程中，需要秉承因地制宜的原则，开发绿色支撑体系，以清洁生产技术作为前提，鼓励建立生态园区，有效落实绿色生产和绿色消费。

保护林业生态环境。对于各地存在的环境污染的问题，政府部门要强化管理和治理，在具体工作中，以预防管理作为前提，进行综合性的治理。此外需调动居民的工作积极性，通过教育宣传的方式，提升各方的环境责任意识，在发展林业经济的过程中，将经济建设工作和环境保护工作等放在同一位置，同步进行规划和处理。还应该引导大中型的企业，使其积极参与到环保产业的发展中，使用其资金方面、技术方面、管理方面的优势，有效促进环保产业的发展。

近些年我国林业取得了突出的发展成就，在林业管理中需要对技术类型进行掌握，按照具体要求实施。针对林业发展中存在的技术应用不合理、技术人员素质有待提升、养护管理不到位等现象，相关部门必须引起重视，从对林业结构进行调整、保护林业生态环境等方面入手，按照技术具体要求进行落实，进而保证造林技术的合理性，促进区域林业发展。

第六章 林业培养技术的创新研究

第一节 新时期林业培育技术的现状与建议

指出了社会经济的快速发展大大推动了我国各行业的发展,但与此同时对生态环境也造成了重大的不利影响。随着可持续发展战略的提出,林业等绿化工程受到了社会各界的重视,也得到了迅猛的发展。说明了林业资源的重要性。对林业培育技术进行了应用分析,针对新时期林业培育发展中存在的问题提出了相应建议,以期提供参考。

一、林业资源的重要性分析

随着环境问题越来越受到国际社会的重视,林业资源的重要性受到更多关注,国家在近几年颁布了数条保护林业资源的法律条令。林业资源可以说是林业资源的基础,它具有维持生态平衡的作用,特别是为生物提供氧气、涵养水源等,正是因为林业资源,地球上的野生动植物才可以生存繁衍,同时,林业资源起着调节气候的作用,如果没有它,就不会有平衡的大气环境,人类也得不到发展。逐渐地,人们认识到了林业资源的重要作用,认识到了它有利于国家的可持续发展,所以将加大力度去保护培育它。但是,在我国西北内陆,由于自然条件的原因,本身气候干旱,沙漠广布,在这种条件下,林业资源起到了很好的保护作用,防止土地沙漠化;而在西南地区,由于降水集中,较易发生泥石流等自然灾害,林业资源又能起到防护的作用。可见,林业资源作为自然资源有着重要的地位。林业资源不仅可以作为一种自然资源,同时也是一种可以利用的经济资源。现阶段,市场上的林业产品逐渐增多,比如:家具、生活用品等,这些产品与人们的生活息息相关,同时,它也是国民经济增长的重要保障,促进我国经济发展的多样化。但是,现阶段对林业资源的开发有增无减,出现了一些不合理开发林业资源的现象,使其遭到了严重破坏。所以,要在保护利用林业资源的基础上再开发利用,科学分配调整。做到既保护环境,又发展经济。

二、新时期林业培育技术分析

所谓的林业培育技术实际上就是从树木的选种、育苗、种植一直到树木成长过程中所用到的技术措施，通过林业培育技术可以很大程度上提高林业培育的效率。以下主要对林业培育技术的育种阶段实施技术、苗木施肥技术、灌溉水控制以及林业培育栽培技术等进行研究分析。

育种阶段。育种是林业培育的基础阶段，在育种阶段要先确定育种计划，包括育苗、种子萌发、幼苗控制等方面，要对种子处理技术和体细胞胚苗生产技术等育种技术进行应用研究；在种子处理上，要严格根据不同的地区环境来制定合理的种子加工技术体系，从种子育种、种子发芽、储存条件、种子处理等方面来形成一个标准的技术；我国的林业育种体细胞胚苗生产技术还处于发展阶段，现在虽然已经建立了几个物种，也初步建立了体细胞胚苗生产系统，但是还存在很多的问题，是不完善的，需要在实践中予以健全优化。

苗木施肥及灌溉水技术。施肥和灌溉水是林业等绿化资源培育所必要的工作，也是林业培育技术的重要内容。美国在苗木的施肥技术方面，其采取准确的幼苗鲜重控制机制，在多年的应用分析基础上积累了大量的实践数据，这些数据可以支撑起苗木生长与养分供应之间的关系，通过测定幼苗鲜重来分时期确定施肥的数量、种类等。美国在灌溉水技术方面则是进行灌溉水质量控制的精密化，通过定期对灌溉水pH值的测量来对水质进行分析和处理。而我国在这方面则缺少相关的研究，对灌溉水质量也缺乏一定的控制，绝大部分的林业育种灌溉水都没有经过必要的pH值检测等，也没有采取相关的措施对灌溉水的质量进行控制。

林业育种栽培技术。育种栽培也是林业育种技术的重要内容，也是非常关键的内容。在林业育种栽培技术应用中要特别注意对培养种植密度的把握和控制，在一般情况下林业密度在2000株/hm2左右，其种植密度不能过大，否则只会影响其生长。在培育纸浆林中，栽培密度一般是3 m×3 m，这样尊重了树种的基本生长习性，同时也便于后期的林业培育管理；在培育木材林中，培育密度一般是2 m×2 m，这个间距比较适合培养较大规模的木材林树种。

三、林业培育与开发建议

促进林业培育技术的精准化。林业培育技术的精准化就是将整个林业培育过程的技术应用进行精确化，将整个林业培育过程的技术应用和相关操作都更加规划，使得技术应用更加严谨，这样也能提高林业培育的标准化。林业培育技术的精准化是新时期林业培育工作的重要研究内容，要想提高林业培育技术的应用效率，解决林业培育技术问题，提高精准化效果就必须做到以下几点。

要对林业培育技术精准化研究方面投入更多的资金和资源，政府和相关部门必须重视林业培育技术的精准化，在林业育种精准化、育苗精准化、整地精准化、种植精准化以及后期的养护精准化方面都要重视。

要不断提高林业培育技术人员的专业素质和技术水平，这也是非常关键而必要的。

政府要加大对林业培育技术研究的资金支持。在某些经济比较落后的地区，政府也应该给予相当的资金支持，同时国家的管理人员还应该将工作人员的工资纳入到地方财政预算，这样可以保证林业管理人员的生活有了基本的保障。同时也可以采取一些奖励的措施，不断提高研究开发林业培育技术的积极性，促使他们更加优质的为林业培育与开发服务。在整体的培育和保护当中，还必不可少一些基础设施，这个时候，企业就可以从多个方面进行资金的扶持，不断增加林业长期的利益，用于林业培育的各种开发和保护工作当中。

加强防护措施。对林业资源的防护可谓是林业培育工作的重中之重。因为这一切行为的主体是人，只有当人们意识到林业资源的重要性时，才能去开发，也就是说，在开发时尽量怀着一颗敬畏而又感恩的心。在开发和利用时要以发展的眼光去看待它，因为这一行为可能会给人类带来严重灾难。所以，林业培育的防护工作是必不可少的。

培育要以保护为前提。林业资源确实能为国民经济带来一定产值，特别是最终创造出来的林业产品，但是从生产到销售这一系列的过程都必须以保护为前提，这也是林业培育的重要基础。需要认识到对林业的培育利用与保护发展是相辅相成的，在培育的过程中不仅要注意方式，还要注意与当地实际情况相结合，要以保护生态为原则，尤其是不要只顾自己的短期利益而对林业进行乱砍滥伐，需要知道我们行为的目的是为了环境生态的可持续发展，而不要因为一己之私造成严重的后果。

提高对科学技术的重视度。随着科学技术的发展与信息化时代的到来，智能化手段已经应用于社会中的各行各业，在林业培育中，要大力发展科技，并把其应用到保护林业中，传统的以开发林业为主的粗放型经济应该被淘汰，因为这种行为不仅不能起到保护林业的作用，还会阻碍经济的发展。所以，在新型林业培育系统工程中，应该注意到这点，不能只停留在传统的做法上，需要加强对培育技术的研究力度，比如可以利用数字化手段对林区进行数据分析，在采用新技术时，需要先对林区进行试点，而不是直接大面积应用，以免产生副作用，如果试点获得了一定成效再进行推广。注意每个环节相互联系、相互配合，更好地发挥培育技术的作用。

坚持可持续发展原则。可持续发展就是说做到边培育边治理，两者是不可分割的亲密关系,只有做到可持续发展才能维持生态平衡,这是一种良性发展。所以需要对两者有一个清晰的认识。落实保护和发展政策,积极发展林业培育技术,以此来提高林业绿化面积,这才能为之后的林业资源开发提供资源保障,这也是可持续发展的一个重要体现。

多样化培育与开发林业资源。在培育和开发时需要避免单一开发,要遵循多样化开发的原则,在开发前,需要进行实地考察,做好前期准备工作,测得一系列数据后,再对数据进行分析与整理,选择出最适宜当地的经济发展模式,而不可与环境背道而驰,如果长期滥用和开发一种资源,可能会造成资源灭绝的后果。需要针对市场需求,找到与市场发展最切合的经济点,发挥出林业资源的最大价值,要不断找到林业资源的多种功能,不能只关注某一种资源或者某一功能,不断开发出新产品,将新的环保理念构建于其中,做到保护生物多样性。

林业绿化工程在可持续发展战略的推动下得到了快速的发展,林业培育技术作为林业绿化工程的核心施工技术在整个工程建设中发挥着重要的作用,我国林业培育还处在初步发展时期,自然也存在着很多的问题,所以必须要加强对林业培育技术的研究力度,从而不断提高林业培育技术水平,进而推动我国林业绿化的不断发展。

第二节 林业培育技术的精准化发展

本节立足于林业培育技术精准化现状,挖掘发展速度、技术支持、培育体制等方面存在的问题,并提出针对性的解决对策,力求通过注重技术更新、加大科技投入、健全培育管理体制、完善相关技术标准与规程等方式,推动培育技术不断成熟完善,促进我国林业的健康可持续发展。

在现代社会发展中,对林业资源的需求量逐渐增加,经济发展方向转变,国家对林业培育技术给予高度重视,促使着培育技术朝着精准化的方向发展。但是,当前精准化发展现状并不乐观,在发展速度、技术支持、培育体制等方面均存在弊端,应积极采取科学有效的措施进行优化,实现可持续发展。

一、林业培育技术精准化发展现状

该技术主要是指从种子到成林,从培育到开发的全过程。在对不同技术进行精准化时,应与相关规定相符合,充分发挥现代化、信息技术的作用,实现林业资源的快速、可持续发展。对于现代林业来说,该技术具有基础性地位,可为林业发展与振兴提供基础力量。

技术发展缓慢。培育技术发展与经济发展具有紧密联系,当经济发展落后时,林业培育受到忽视。但在改革开放之后,经济发展模式开始发生转变,不再以资源消耗为中心,而是主张走可持续发展道路。与先进国家相比,我国此概念提出较晚,且在土地、气候、地形等方面存在差异,林业培育精准化难度较大。对于一些发达国家来说,所公开的培育技术也只是表面,没有在核心科技中展现出来。对于培育出的品种,缺乏创新性,无法在全部地区内适用,长期以往,理论与实践相偏离,与我国实际林业情况不符,培育技术发展缓慢,收效甚微。

缺乏技术支持。我国林业培育起步较晚,但自从经济发展模式转变后,国家对该技术给予高度重视,逐渐增加在此项技术上的投入。该技术以精准化为最终目的,对技术提出严格要求。由于传统经济发展以粗放式为主,乱砍滥伐,对林业资源的消耗较多,对经济转型产生较大压力,且缺乏强有力的技术支持,无法获取长远利益。来自国家的资金支持只能使设施方面的问题得到缓解,难以对技术细节方面给予帮助,这将导致资金与人力浪费,逐渐与精准化的道路相偏离。

培育体制老化。我国经济拥有自身特色,在林业培育方面同样如此,在培育环境、过程等方面存在区别,应制定一套带有本国培育特色的管理体制。以往计划经济体制根深蒂固,在林业利用体制方面受到忽视,以粗放式管理为主,一些林场的管辖权责不清,导致许多不科学开采与管理问题产生,对资源多样性极为不利。在林业部门中,根据长期数据调查显示,在全国上千所高校中拥有林业专业的大学屈指可数,取得研究成果的更是少之又少,导致培育技术因人才缺失寸步难行,精准化目标的实现更是遥不可及。

二、林业培育技术精准化的发展路径

受以往经济发展中粗放式管理的影响,我国林业培育技术长期受到忽视,在技术发展速度、技术支持、培育体制等方面均存在弊端,应积极采取科学有效的措施进行优化,实现可持续发展。

注重技术更新。我国地大物博、幅员辽阔,但在培育技术方面却较为落后,应从多个方面出发加强技术更新,使精准化目标早日实现,具体措施如下:

(1)在育种方面。近年来,精准化培育技术已经得到广泛应用,在树种优化、无性育种、种系测定等多个方面,均产生突破性进展,形成大量适用于林业繁育的资源,为林业与培育技术的发展起到极大的促进作用。

(2)在育苗方面。技术更新主要体现在两个方面,一方面,将该技术应用到种子处理中,可使育苗材料更加优良,苗木培育工厂化转变,使林业优种优育的目标顺利达成;另一方面,在施肥方面也可将培育技术应用其中,对于多样化品种的苗木来说,有针对性的选择最佳时期进行施肥,起到节约化肥施用的作用。

(3)在栽植方面。可采用两种栽植方式,一种是将种子全部放入室内进行培育,另一种是直接将其放入林场种植。无论对于何种方式来说,树苗在行距方面均应与相关要求相符合。对于三五年成林的木材来说,密度可适当增加,一般在 $2m×2m$ 或者 $3m×3m$ 之间,间距可与大多数速成林的要求相符合。对于十几年才可长成的树苗来说,一般在植株行距方面控制在 $4m×4m$ 左右即可。

加大科技投入。由于我国林业面积广泛,无法采用统一的方案进行培育。当国家下发相关条例时,应从财政中抽取一定的资金投入到培育技术优化中。但是,资金的利用还应由当地部门根据实际情况自行制定。由于我国在此方面的起步较晚,技术发展速度缓慢,且经济发展快速对林业资源的需求量不断增加,在资金利用时容易盲目,导致大量资金浪费。对此,资金在育苗、栽培、移植等方面投入时应分清轻重缓急,根据当地的实际情况做到具体问题具体分析。对于南方地区来说,热量充足,适宜室外栽种,加上生长速度较快,还要注重植物的修剪;对于北方地区来说,植物的生长周期相对较长,土质肥沃,应注意移植与育种工作。只有真正做到因地制宜,牢牢抓住培育要点,才能够减少人力、物力等方面的消耗。另外,还需要深刻而清楚的认识到培育技术优化与科技发展之间的联系,科研人员应积极挣脱传统思想的束缚,树立创新思维,立足于先进的培育技术,使培育技术实现创新发展。

健全培育管理体制。该体制主要是指在事前做好规划与安排,起到未雨绸缪、统筹全局的功效。要想实现培育精准化的目标,势必要针对以往的管理体制,取其精华去其糟粕,根据当前现状进行创新,定期召开大型研讨会议,由林业培育相关的各个阶层代表参加,如政府、企业、个人等,对管理制度中的各项要求进行明确,端正经营态度,积极响应国家的政策,加大科技的投入力度,促进精准化的快速发展。此外,精准化目标的实现不可缺少人才的支持,目前林业方面人才缺失对林业培育起到极大阻碍,对此,应积极提高林业工作者的专业素质与技能水平,还需要从根本上着手,加大对林业招生补贴与研发资金的投入力度,鼓励更多青年投入到林业培育事业之中,为林业培育工作提供源源不断的人才力量。

完善相关技术标准与规程。在林业培育方面,精准化工作涉及的内容众多,应明确精准化工作的技术标准与规程,才能够有的放矢的开展相关工作,促进培育事业的持续发展。目前,我国在此方面的技术标准存在种类不全、理论多、实践标准少等问题,尤其是对于一些关键环节,甚至没有明确的标准规定,一些标准自身便不够标准,存在技术上的漏洞等等,这些都充分说明我国在此方面还需要进一步的完善,根据实际情况,制定出切实可行的标准与规程,针对一些现行的标准也需要进行完善和优化,深刻认识到技术标准对精准化产生的决定性作用,进而在培育技术研究过程中,能够不断完善各项培育细节,通过明确的标准促进标准化目标的顺利实现,这对于我国整体林业发展来说也具有十分重要的现实意义。

综上所述,当今时代背景下,人口、环境与资源等问题日益尖锐,构建资源保护体系显得十分迫切。对此,林业部门应积极转变思想,将以往的粗放式管理朝着精细化的方向转变,通过注重技术更新、加大科技投入、健全培育管理体制、完善相关技术标准与规程等方式,为林业长远发展谋取新出路。

第三节 林业培育技术要点

近几年来由于利用破坏环境资源换取经济的发展对生态环境造成了巨大的伤害,林业资源作为生态环境中极为重要的一部分具有自然系统调节功能。林业资源已经受到了破坏,为了能够缓解环境压力,因此就需要进行林业培育工作。只要掌握了林业培育技术的要点就能够有效保证培育除开的森立质量。在林业培育中难免会出现这样那样的问题就需要选用合适的方法去解决问题。本节结合了在实际工作中的相关内容,将林业培育工作中的重点加以归纳总结,希望能够为林业培育工作的发展有微弱的促进作用。

对于人类的生存和发展来说,林业资源都具有着重要意义。不断提高造林质量能够有效保障林业培育的整体性,在林业培育的过程中要保证任何一个环节都尽可能的避免错误,否则将会影响整个林业培育工程的质量。为了能够建设出高质量的林业工程首先就要坚持功能强劲、林业结构合理、单产先进、林业可持续发展、复杂的林相的原则。兼顾林业资源的数量增多和林业质量的提高两方面。研究表明,可以建设的林业资源在数量上是有限的,但是可以不断的提高质量,因此我们需要在林业培育的技术要点上下功夫。

林业培育就是指是通过树木和林业利用太阳能和其它物质进行生物转化,生产人类所需的食物、工业原料、生物能源等的一种生产过程,同时创造并保护人类和生物生存所需环境的生产过程。主要的内容就是良种生产、苗木培育、林业营造、林业抚育、林业主伐更新等;主要的对象就是人工林和天然林。在林业培育的过程中要做到三兼顾,即兼顾经济效益、生态效益和社会效益;目前在林业培育的进程中呈现出注重林业的可持续经营、高集约化、定向化的趋势。

　　林业培育学在我国虽然已经有了较长的发展历史,但是仍有存在着一些问题。先要解决问题就要对问题有所了解,通过对现状的研究来发现问题。

　　森立培育市场较为混乱。市场经济在我国的不断深入发展使得各个产业都呈现出商品化发展趋势,森立培育业不例外,因此受到市场经济自身的竞争性和开放性的影响林业培育市场呈现出混乱的现状。首先,我国在林木种苗的管理上力度不足。就目前而言种苗的生产经营管理还局限在经营许可证和发放种苗的生产上,缺乏相关的监管措施。因此种苗市场的内部较为混乱。其次就是在进行管理时依然沿袭老旧的管理方法较为落后。最后就是在市场上鱼龙混杂,种苗的质量不能够得到有效的保证。

　　造林的科技含量低。目前,林木种苗的生产条件差、基础设施不完善。但是种苗生产的发展迅猛,但是由于从事种苗培育工作的人员缺乏相关的能力因此技术不达标,在培育种苗时不具备完善的生产条件以及健全的基础设施配置,使得培育出的苗木较为弱小不能够从苗圃顺利的进行移栽。即使能够顺利的进行移栽,那么苗木的质量不得保证,这样培育出来的林业质量不能够达到标准。

　　苗木病虫害频发。树木在生长的过程中会受到病虫害的侵袭,影响林木的质量。再加上近年来不断引进新的树种或者是从外地进行传播,但是这些品种不能够顺利的适应当地的气候和立地条件,适应能力差就会成为病虫害侵袭的主要对象。在苗圃培育的过程中要坚持多样化并且进行轮作,以"养用结合"为培育策略。

　　轻视乡土树种的培育。由于引进了诸多的外地品种,因此当地的本土品种渐渐被忽视。因此在本土树种培育方面缺乏各类力量的支撑,不能够获得理想的育苗效果。更为重要的一点就是乡土树种的经济效益远不如那些外来树种,因此就会忽视对于本土树种的开发利用。但是本土树种经过漫长的发展和演变已经与当地环境和谐共存,适应了当地的气候、土壤、水分条件,可以用作绿化。

　　林业培育技术的要点:

　　育苗技术。种苗是林业中的关键部分,高质量的种苗能够培育出高质量的林业。关于容器育苗已经形成了一整套较为完整的育苗技术,并且在长时间的发展过程中已经经过了实践的检验。将脂松容器苗分成幼苗建成期、高生长期、木质化期,各个环节都做的很细致,获得了理想的育苗效果,火力旺盛。

　　种子处理技术。借鉴国外的农场式林地经营政策,在海拔较低的地区除了耕地以外的产量较低的农田上经营以阔叶林为主的林业。致力于改善环境质量,增加休闲用地的面积，也能够生产更多的木材以供使用。不同的树种有不同的种子处理要求，因此要对症下药针对不同的树种制定出合适的种子处理技术，要将种子采收时间、贮藏条件、处理的方式和方法加以考虑，严格控制种子处理的环境、播种的时间、萌发的环境，形成系统性规范化的培育技术。

体胚苗生产技术。绝大部分的林业种苗培育都拥有完整性、系统性的针叶林胚苗生产技术，以优质的针叶树种子作为材料，利用成熟的体胚发生系统产生体胚，之后经过严格的选拔较优秀的体胚才能够经过包衣技术将规格进行统一之后在培育成人工种子。但是这项技术依然存在着需要完善的部分，将其广泛的应用于大规模的生产中依然需要较长的时间。

苗木施肥技术。肥料能够为林木的生长提供养分，但是在树木生长的各个时期对于肥料的种类、施肥量都有不同的要求；不同的树种需要的肥料也有所不同。但是经过长时间的挤时间工作，工作人员都拥有丰富的苗木生长养分供应经验，因此能够进行精准施肥促进苗木的生长发育。

灌溉的水质控制。水是生命之源，苗木的生长也不能够缺少水分的供给。如果灌溉的水受到了污染就会严重影响苗木的生长，需要在广大的苗圃中进行水质的精准化控制，定期检测水分含量、水的 pH 值、水中的金属含量、藻类及杂草种子状况，根据水质的变化及时采取措施调节灌溉用水的质量。

整地。在人工造林整流器方面我国就做的十分细致，在地势平坦的地区培育林业都是利用机械全垦地平整土地为主要方式。整地的深度应该控制在 30cm 左右，在树穴的底部会铺设一些生物肥料，但是也需要有所隔离防止出现烧根的现象。

苗木在林业的培育中占据着关键的地位，能够为绿化提供物质基础，使得培育林业选择种苗时有多样化的选择，解决林业培育技术中的关键点，正确处理好林业培育中的各种关系。当代林业人应该为培育出高质量的林业工程而不懈努力，保证林业培育的质量，采取适当的方法解决林业培育中的一切问题。掌握林业培育的技术要点，并在工作中进行熟练应用，营造出高质量林业。

第四节 林业培育技术的研究及发展趋势

随着人类社会不断的进步与发展，对树木的需求日益加大，造成了林业和环境的严重破坏，为了减缓林业与环境的恶化，要大力推进林业的培育与管理，大力发展以林业为主的林业产业。并逐渐改善环境的恶化与人们日常活动的需要。此文就林业培育技术与管理进行了深入研究，希望借此为林业产业的发展提供一份助力。

目前我国的林业发展已然进入一个持续的发展阶段。可持续的林业发展的生态系统模式是以生态为主体的林业产业经营模式。在林业的培育上除了着重对木材的生产，同样也注重非林业与生物的多样性发展与保护，并对林业的资源与整体进行相应调整与优化，保证水土对林业的相应功能，促使林业能够可持续的发展。另外，一些对林业与环境不友好的技术与物质将逐渐得以取缔或者废除。类似化肥、农药与化学除草剂等。

一、树种的培育阶段

我国在林业育种上虽然起步较晚，可近几年间的发展速度迅猛。尤其是对一些重工树种的培育上取得了较为明显的成果。杉木作为我国几大种植树种之一，其林业面积在1993的统计中占地911万公顷，60年代初期，叶培忠、陈岳武在福建洋口林场开展杉木选优并开始建设杉木种子园，进行品种的改良与相关系列工作等，到80年代随着现代统计与计算机技术的发展，杉木培育方法，试验基地都得到进一步的更新换代，中南林学院杉木生态研究室等一些研究机构与个人推进了杉木林业的种植体系，并逐渐回归生态林地上，并根据不同地域形成不同的栽培体系。广西林科院及其合作单位在截止2015年底已经开始生产无性系苗木，并年产200万株左右。其高产的方法主要是选择优秀杉木苗种，选择时要查看是否有良种证，广西目前已经取得良种证的园林有：昭平县东潭林科所种子园种子、象州县茶花山林场种子园种子、全州县咸水林场种子园种子、天峨县林朵林场种子园种子、融安县西山林场种子园种子。苗木造林应采用一年生，杉木二级容器苗高20厘米、地径0.4厘米以上的并通直、顶芽饱满、根系发达无损伤与并虫害。种植地应选择海拔1000米以下，忌风口、半阴坡较好，土层厚度大于50厘米、湿度一般不积水、坡度在10与35度之间的黄土壤或红土壤。杉木前3年必须进行抚育包括松土、除草、深挖等，全面整地采用全面抚育、带状采用带状抚育，严禁修打活枝并及时除萌，最好每年进行一次施肥。

二、科学的育苗程序及控制

育苗程序：美国在容器苗培育上有着较为先进并且具有完整的一套程序。根据相关资料，美国的某公司在育苗的控制中采用了这一程序，并经过长时间的研究，收获了一套独有的控制技术。比如，在生长期，育苗的基质制备、种子催芽、所用容器的选择、播种、浇水、施肥、盐渍化、基质酸碱值的控制，苗木封顶、炼苗、育苗环境的控制，出圃和再培养等一些方面均做得非常规范，并取得了理想的效果，培育出的苗木不但蓬勃生长同时也具有整齐的规格。

树种处理技术：随着培育技术的不断发展，人们对林业培育意识也在逐渐提高。林业的培育和利用正在逐渐向多功能进行转变。国外近几年在林地的经营上主张以环境保护为主要原则，在低海拔的一些地区的农田上种植适合生长的阔叶树林业，从而达到了改善周边环境的目的。在增加休闲用的的同时也对环境进行了改善，国外的一些专家对本土的一些树种进一步深入的研究，根据指定的树种制定了适合的种子培育方法。从种子的种植到生长的整个过程都进行了控制与处理，并伴有完整的一套规范技术。

树种体胚苗生产技术国外有相关资料介绍，美国的惠好公司已经成功的对针叶树体胚苗有系统的生产技术。其根本就是在最初选择优良的品种，经过培养成熟的体胚系统，进行严谨的筛选过滤后再运用包衣技术对规格基本一样的体胚做成人工种子，再进行播种。

苗木施肥技术：苗木的施肥环节是一个非常重要的过程。根据相关的技术资料记录，对容器苗木的施肥过程应该是采用更为精确的苗木鲜重控制，如此才能够按期测定苗木的鲜重过程，通过对几个苗木生长期的重量情况确定施肥的种类及数量与施肥方式，从而掌握施肥期的施肥方法。

灌溉水质控制：对林业苗圃的灌溉用水要实行精准的控制。主要是按期对灌溉用水进行PH值的测定。主要是灌溉用水所含金属离子的量。

三、林分优化管理方法

对土壤养分进行管理：通过对人工林地的土壤进行按期检测，还需要对树木体内所含的养分进行有效的科学分析，确切把握土壤与树木所需营养情况。我国是杨树大国，在多年来的种植中同样得到了相关的土壤养分与施肥技术的大量实验研究信息，基本做到了对土壤养分的精确管理。

大径树材的培育：大径树木的种植期一般相对较长，国外对此类树木的培育方法均是使用植密度等于收密度的方式，就是运用固定的直径修枝法，对树节的大小与数量进行严格的把控，使枝节能够形成具有无节优质木材。我国对杉木人工林的培育有较为深入的研究，其对土壤，排水条件的选择也是非常重要的，光照度与林下植被的多样性，生态的平衡，能够极大的杜绝虫害的发生。杉木其自身具有的易加工，防腐等特点是我国选择大量树种种植的优选之一。

林业培育工作因其具有较长的生长周期，且对环境与综合因素的需求与影响都应当受到极大的重视。伴随着人类日常活动的增加，其对林业与环境的需求正在逐日附加，林业的优化管理与培育技术是当下最棘手的研究课题，其发展不容小觑，我国目前已经取得了杨树种植的大量研究成果，仍然需要大力发展其他树种的培育技术，从而实现完善的自然体系。

第五节　北方地区林业培育技术的精准化

在林业发展中，林业培育工作是保证林业生产效率和质量的关键工作内容，在长期发展中林业培育的技术水平取得了较大的进展，为林业经济的发展奠定了良好的基础。北方地区的林地面积较大，采取有效的林业培育技术可进一步提升林业生产能效，需将其作为发展林业经济的重点区域。为了达成实现林业经济可持续发展的目标，本节针对精准化林业培育技术展开研究，探讨其在北方地区林业培育工作中的应用。

在节约型社会中，如何利用有限的资源创造更大的价值是各个行业发展的共同追求。尤其是在进行林业建设时，既要满足社会效益和经济效益，还需满足生态效益，这便对林业生产提出了更高的要求。而精准化林业培育技术的落实，则可有效提升林业生产效率，同时也可起到改善林区生态环境的重要作用，这与林业发展实际发展要求相符。因此，有必要针对林业培育技术的精准化展开研究。

一、精准化林业培育技术

精准化的林业培育技术指的是，在林业培育的各个阶段，采取精准化的技术和标准，约束具体的林业培育工作，保障各个阶段工作的标准化开展。特别是要在其中融入现代化技术和信息化技术，将更多健康和发展的理念引入到林业培育工作中，促进整个林业培育过程的良性发展。在现代林业发展中，各类技术在林业工程中的应用作用较为突出，这也为精准化林业培育技术的应用与发展提供了极大的便利，是促进林业经济健康发展的重要手段。

二、精准化林业培育的技术要点

（一）育种精准化

育种工作是保障树种成活率的关键环节，为使林业生产效率得到保证，需要将精准化技术应用于林业培育的各个阶段。在育种工作中的应用是通过分析林地特点和林木的培育需求，选择最佳的种植品种，之后按照树种培育的规范标准开展育种工作，要求每个步骤和环节均需要严格落实育种标准，不得出现违规操作的现象，以免影响育种质量和育种工作的精准化水平。

（二）育苗精准化

苗木的质量会对树木长势和成材率产生直接影响，在进行育苗工作时，需要综合考虑气候因素和林地因素等。精准化育苗可实现对土壤条件的有效改良，使其更适宜苗木生长，可对自然因素和气候因素进行有效调节，为其营造较好的生长环境，同时还能精准的控制肥力和水分，确保其在良好的生长环境下得以健康发育，这对于促进林木长势具有积极作用。

（三）整地精准化

在精准化技术的指导之下，可保障对整地时间和整地方式的有效选择，对于土壤中残留杂物的现象也可采取适当的处理措施，结合林区的实际状况进行整地处理可更好的提升林地质量，为林业培育奠定良好的基础。

（四）栽植精准化

是将林业培育作为基础，根据树种生长特点和林地特点，对栽植方式进行有效选择，促使树种快速生长的技术。

三、北方地区精准化林业培育技术的应用

（一）在育种环节的应用

精准性理念从提出到现在已经取得了较大的应用进展，在林业培育工作中的作用较为突出。就其在育种工作中的应用来说，精准化技术可使树种的性能得到有效优化，在无性育种和种间杂交中发挥了重要的作用，培育出了更多的优质树种，为林业培育工作的发展提供了基础保障。

（二）在育苗环节的应用

在育苗期间，可根据品种的生长特性，确立最佳的施肥方案和浇水方案，确保水分和养分的及时供应，从而保障苗木的健康生长。同时精准化施肥也可达成提升肥料吸收率，控制施肥成本的重要作用。

（三）在整地环节的应用

根据林地整地规范有效落实整地工作，结合林地特点和树种的种植要求，确立最佳的整地方案，保障林地环境和土壤养分能够满足苗木生长需求，通过为其营造良好的生长环境来促进苗木生长。

（四）在栽植环节的应用

结合北方地区的林地条件，对于品种、种植时间、林分结构、栽植密度等进行合理设计，确保栽植计划的合理性，从而实现提升林木生长效率，提升成材率的重要目的。

四、推行精准化林业培育技术的主要措施

制定精准化林业培育技术规范。结合以往的精准化实践经验，对于精准化林业培育技术进行全面梳理，确立出相关的技术规范和标准，为精准化技术的有效应用与落实做出正确的引导，以免由于缺乏精准化的技术经验，导致林业培育技术难以实现精准化发展，影响最终的林木生产效能。

增加技术投入。为保障精准化林业培育技术的有效落实，应加大在技术落实和研究中的资金投入和技术投入，鼓励相关的技术人员进行精准化培育技术的研究与探索，确保形成更多有利于林业生产的精准化培育技术，为林业培育工作的发展和落实提供保障。

加大人员培训力度。精准化林业培育技术的落实，对于林业生产人员的专业素质提出了较高的要求，其必须全面掌握林业培育的技术要点和规范，方能保障林业培育工作的准确落实。而实际上，大部分林区的技术人员均存在素质偏低的问题，致使精准化工作的施行受到了一定的限制影响。因此，应加大人员培训力度，定期开展技术和业务培训工作，提升整体人员队伍的专业素质水平。

实现精准化林业培育技术管理体制的变革。对于既有的林业培育技术管理体制进行整改，使其逐步朝向精准化、现代化和信息化的方向发展，将精准化的理念落实到实际的林业培育工作中，通过完善的管理体制对具体的林业培育工作做出指导，这是保障林业培育工作有序开展的重要手段。

在环境问题的影响下，林业建设被受人们的关注，为了保障林业建设工作的高效开展，需要采取有效林业培育技术，促进林木生长，尽量缩短林木的成林时间。而要想达成上述发展目标，需在林业培育技术中融入精准化的发展理念，通过细化林业培育技术，来增强林业培育的效率和质量，从而提高林业建设的效率。

第六节 林业培育技术现状及管理措施

林业对于全人类而言，都是极其重要的自然资源，是地球上的基因宝库、蓄水池与能源站，对维系地球的生态平衡发挥着极其重要的作用，是人类的文化摇篮及赖

以生存和发展的绿色银行。因此,我们应当高度重视国内现有林业资源的合理利用与培育管理,积极展开对于林业的发展与保护工作。

随着科技的飞速发展,生物方面的技术也取得了多项突破,传统林业培育技术也得到了升级与改善。但相比发达国家而言,我国林业培育技术起步时间比较晚,多数树木育种还停留在第一世代,与西方发达国家之间还存在较大的技术差距,因此,我们更应加大对林业培育技术的重视,与我国实际林业状况相结合,研究探索适合我国林业特点的林业培育技术,不断钻研,寻求进步,以期提高我国林业培育技术的整体水平。

一、我国现有林业培育技术分析

随着生产力水平的不断提高,国家科学技术水平的不断发展,我国的林业培育技术也已经构建了有着顺应自然规律、与实际相结合、专业性强、执行方便等优点的完整的技术体系,并取得了一定发展成果。首先,我国已经培育改良出了许多性能优异的杨树品种,改良杨树较之前的普通杨树平均木材生长量提高了15%左右,木材中纤维素含量提升了2%以上,为我国制浆造纸及工程建筑行业提供物美价廉的优质原材料。从成本角度促进了社会经济的发展。其次,我国林业培育的专业技术缩近了与发达国家的距离,杉树子是一种分布在我国长江流域的常绿乔木,其果实可以入药,有着理气散寒、消肿止痛的作用。我国对杉树子进行了深入的研究,杉树子的代测定与杂交试验等项目已经进行到第三世代,填补了我国林业育种技术的空白,对我国其他树种的育种育苗有着重要的启发与参考价值。最后,在我国林业工作者不断的创新与努力之下,独立培育出了无性繁殖种子园,并建立了桉树树种的基因库。虽然我国林业培育技术起步较晚,经验较少,但在我国林业工作者夜以继日的奉献与努力中,已经取得了一定成果。

(一)育种技术

种子处理技术。种子处理是在林业培育中育种过程里非常重要的环节,一般有化学法及物理法两大处理方向,经过药剂浸泡、等离子体技术、高压静电场、超声波等技术处理过的种子,可以加速种子萌发,增加种子的存活率,提高种子的活力与抗病性,从而提升了如杨树等木材的产量,达到良好的林业培育效果。种子处理技术要基于树种类型及特征出发,在对树木性状较为了解的情况下确定最佳的种子处理方式,为种子量身定做科学的加工体系,重点关注储存条件、外界环境等对种子萌发造成的影响,为林业培育效果的改善奠定基础。

体细胞胚苗生产技术。林木体细胞育种技术正处于研究与发展阶段,现已经通过研究脱落酸、凝固剂及培养方式,来诱导可对抗松材线虫病的赤松体细胞胚发育及成熟萌发。完整的体细胞胚发育成为植株个体,需要发生包括脱分化、愈伤组织的形成以及体细胞胚的发育和成熟萌发等过程。针对不同类型的树种来说,体细胞胚苗生存仍需要从结合现实实际情况出发,对体细胞胚苗生产系统进行综合的分析,并在实际育种过程中不断的进行完善与改进,将优质的基因可以迅速的大量推广,以达到良好的林业培育效果,大大提升林业的抗病性。

育苗技术。育苗技术中新出现的微繁技术改良了幼苗在温室及大棚中培育方法,顺利地将林业幼苗培育变成一个发展前途一片光明的产业。首先,通过微繁技术能够改善众多林木幼苗以及无性繁殖植物的繁殖效果,建立了如桉树等树种的基因库,在基因工程的帮助下,筛选基因,优选优育,能够有效地缩短幼苗的培育周期,对于扩大林业面积提高造林成活率,促进林地尽快成林和郁闭成林发挥着至关重要的作用。其次,微繁技术引进了先进的工艺与设备,借助计算机对幼苗进行高精度的控制,通过理代化智能温室管理法,将林业培育技术进一步改良与提高。

二、林业培育的有效管理措施

管护幼苗,适时抚育。在对林业进行培育之后,应当及时对林业加以经营管理,以此提高所培育林业的造林成活率,确保造林成效和经营成效。加强管护就是要确保所培育的林业,不遭受火灾、病虫害、人为及牲畜的危害,确保林地能够持续健康生长。根据苗木的生长情况和林地情况适时的进行抚育作业,对不同的年龄和生长阶段的苗木,根据郁闭度、林木分化程度,及时进行包括幼林抚育、生态疏伐等各种促进林木生长作业的方式和方法。

幼林抚育。当所培育的林业苗木生长到一定阶段时,栽植点上的杂草灌木也开始生长茂盛,与幼苗、幼树争夺阳光、空间、营养和水分,所以必须的进行及时的中耕除草等幼林抚育措施。幼林抚育的季节一般在夏季6-7月和初秋9-10月份进行。幼林抚育时要注意不能伤害到幼苗、幼树的根系、树皮、顶芽等,以"里浅外深"为原则,保持中耕土壤的厚度在15cm左右为宜。

生态疏伐。当林业培育的苗木生长到一定阶段,郁闭成林时苗木进入生长的旺季,所需的光照、水分、养分、空间都在不同程度的进行增加,根据林业培育的苗木生长时的立地条件及生长状况,适时调整密度,进行生态疏伐措施是确保林木快速生长的主要手段,在进行生态疏伐时要按照"近自然经营"的原则,合理的进行抚育作业,使林业培育的苗木生长的区域阳光透光均匀,养料充分,可以健康持久的生长。

采伐废料及林木凋落物的管理。为使林业培育过程得到良好的效果，任何环节都不能放松，对林木凋落物和采伐余料也要进行科学的管理。首先。为确保林木凋落物满足回归林业的具体要求，需要辅助以专用的机械设备，切割破碎体积较大的苗木凋落物，避免其对其他林木造成损伤，遮挡正常林木生长所需要的空间与阳光，阻碍其他林木正常生长。其次，林木残留凋落物回归林业可以加强林业土壤肥力，使林业培育进入一个可持续发展的状态，但是林木凋落物被分解者分解是一个漫长的过程，因此我们可以运用科学的手段进行干涉，将林木凋落物的总含量维持在一个合理的范围之内。最后，合理的砍伐，适当的利用有助于林业资源的永续，我们要制定科学的采伐措施，在不影响林业生长及生态保护的情况下，创造更大的经济效益。同时应格外注意，采伐时不应对周围林木造成损伤，采伐产生的废料要及时带走，不能对整个林业环境造成影响。

创新林业经营防护制度，加强火灾防护。随着科技的发展，林业经营防护制度也应与时俱进，运用信息化手段进行管理。首先，各级领导部门要全面落实责任制，对林业进行实时监督，全体投身到林业资源的保护当中。其次，运用现代技术手优化林业防火信息管理系统，在做好防治的同时认真落实各种林业防火体系，加强林业防火知识宣传，依法维护林业资源。最后，在经济条件容许的情况下，创建专业的林业防火队伍，遇到火情及时出现，将火灾损失降到最低。

林业培育技术是维持林业生态环境稳定与支持人类长期健康发展的重要基础，加强对林业培育技术的重视程度，重视林业培育技术的发展，有助于国家环境保护工作的推进及生态的可持续发展。所以国家及相关部门应当加大对于林业培育技术的研发力度，鼓励对林业培育技术的研究与探索，加强对林业培育技术人才的培养，以期我国林业培育技术及管理工作能发展的更快更好。

第七节　强化林业培育技术，助力林业经济效益的资源增长

针对中国林业培育与林业生态建设现状、林业培育与资源管理与控制等问题，分析了如何提高林业培育质量和改善林业生态建设的方法。参与林业培育的技术可以提高林业培育率，社会经济在不断发展，栽培树木可以提供可用的木材，林业资源的开发利用越来越强大，从而破坏了林业资源，影响林业培育质量和林业生态建设。目前，林业生态建设与社会经济发展不相适应，林业生态建设的步伐不能满足需求，从而必须改善地段环境，提高原始林业的质量，达到保持林业生态资源增长的有效经

济效益环境。既要创造高效的养殖模式，又要对生态环境产生良好的可持续发展影响，从而促进林分质量逐步提高。针对社会经济的快速发展促进了中国各行各业的效益平衡发展，充分发挥了树木独特的功能和多样化的效益功能，突出了不同层次的林业资源经济效益。

一、中国的林业培育和林业生态建设现状

林业资源作为我国重要的资源之一，继续转变经营观念，林业质量的下降影响着生态建设的进程。加强促进林业培育和经营的稳定发展。为中国社会经济的发展做出了巨大的贡献。培育优良品种完善栽培管理机制，只有提高林业培育质量，建立林业系统自然保护区。只有提升管理观念，才能有效促进林业系统实现最大化的节能经济效益，同时管理重视度低，最终实现促进社会发展和经济发展的目标具有一定的作用意义。实践能力差，中国的许多地区必须提高栽培管理水平。林业培育管理体制不完善，促进中国社会经济的可持续发展。缺乏相应的管理机制等，必须提高林业的质量和效益，才能改善林业生态建设，要实现林业资源的合理利用，林业发展经济滞后，这将导致林业生态系统的建设。

二、林业培育与生态建设存在的问题

林业培育主要对林业资源进行改造，以林业资源物种造林立地的种质选择等条件改造为基础培育，有效促进林业资源的优化发展。

中国林业培育质量生态建设的需要。中国林业资源的开发利用不断加强，林业培育质量逐渐下降。因此，整体经济效益逐渐下降。林业培育监督相对不足。中国的林业培育技术相对落后，资金短缺和相关人才短缺。

影响林业资源生态建设监管的进程和发展成效。林业生态建设需要面对和解决自然灾害、病虫害、人类破坏等诸多问题。缺乏健全的林业生态补偿机制，这些问题需要相关部门加强管理和监督才能解决。林业生态建设需要投入大量资金，然而在实际工作中，因为人员配备和养殖管理都需要资金支持。存在着各种各样的不利因素，由于缺乏适当的林业生态补偿机制，如布局分析薄弱、信息资源不健全、林业建设中存在的问题，许多林业资源开发活动不能为林业培育和建设提供补偿，林业资源缺乏健全的监督体系等，不利于林业生态建设的可持续发展，以上这些都是非常重要的要重问题。

三、提高林业培育资和资源增长技术强化林业经济效益措施

随着经济的不断发展,深入分析了林业培育技术的发展趋势和林业培育管理,林业与人类的生活和生活环境息息相关。提出了提高林业培育管理质量的有效措施,林业资源也在逐渐减少,林业的发展面临着许多挑战,以促进林业产业的可持续发展。

林业经营的根本目标是培育健康的林业生态系统。林业培育应与实际情况相结合,应加强对林业培育新技术和新概念的研究,提高林业培育技术水平,提高林业培育的理论知识和实践能力。只有这样,才能提高林业培育质量,改变传统的林业培育观念。实现林业可持续经营。为了提高林木种植者的思想意识,树立科学的林业经营理念,树立可持续经营和生态管理的理念。

充分认识林业培育的重要性。林业栽培以树木为主。为了提高林业培育的质量,应在协调生态环境的基础上开展林业培育的相关活动。应充分认识林业培育的重要性。要充分认识林业和生态环境的性质和特点,实现林业培育的作用和功能,形成林业培育意识,提高林业培育质量。林业资源的培育是十分必要的。科学的林业培育可以保护生态环境,林业培育的质量不能满足中国社会经济发展和自然生态环境改善的实际需要。为了解决人类在社会经济发展中对生态环境的危害,针对当前林业培育中存在的主要问题和建议,可以有效地防止各种生态问题的发生,严格控制管理机构的机制。开展林业培育,实现生物多样性的生态平衡。为提高科技含量的质量管理,林业部门应建立健全规章制度。

林业培育技术掌握的正确发展趋势。建立规范化的林业培育机构体系,可以促进社会经济效益的快速发展,充分把握了林业培育技术发展的生态、战略和规范化趋势。林业培育技术的发展直接影响着林业培育的质量和环境与生态的实际问题,同时也方便了人们的生产和生活。只有掌握科学、先进的林业培育技术,世界上每一个强大的国家都是一个文明高度发达、精神物质文明高度发达的国家。为了使林业可持续发展和市场发展的需要,林业和林业资源得到加强,林业培育工作由单一的林业资源开发向资源开发的多样化转变。保持生态平衡的基础上,提高林业的质量和发展水平,建立有利于综合开发的生态资源库。

遵循林业培育的坚持原则。生态保护与经济效益相结合。首先,生态保护是林业培育的基础,不断提高林业培育的效率。在林业培育中,应坚持生态保护原则,加强生态维护管理,避免生态环境破坏的发生。其次,要实现林业的可持续发展,就必须坚持林业培育的长效原则,以林业培育技术的应用为基础,确保苗木培育的长效

性，延长林木的寿命，提高林业的生存能力。林业树木，重视林业培育技术的价值，培育高产优质树木。再次，坚持防灾减灾方针的同时，提出加强林业培育技术在各关键环节的应用要点，加强林业培育管理。针对林业病虫害、自然灾害和人为破坏的影响，提出了在新林区实现精准林业培育技术的关键点，提高了林业培育的监督能力，是精准林业的关键。分析了建立风险控制和管理机制，探索精准林业培育技术的内容，确保林业资源的有效开发。根据精准林业培育技术的发展趋势，希望能为林业的可持续发展做出贡献。

健全相关补偿机制。生态建设通过完善补偿机制，针对当前林业生态建设面临的困难和要求，提高林业生态建设后备能力。应积极完善相关法律法规，结合各开发项目的实际情况，完善林业生态建设的相关补偿机制。制定综合补偿条款和条例，细化标准内容有效促进林业生态建设与发展。加大对林业生态建设的投资力度，明确林业资源开发责任人的权利和义务，在开发林业资源的同时，根据发展的范围和深度，为林业提供合理的补偿。

构建正确的生态经济理念。为了提高林业建设效益，必须依靠更多的资金来改善生态建设，建立完善的林业生态建设与管理机制，改善过去的缺陷和不足。从国民经济发展的角度看，经济发展必然会对林业资源产生影响。林业生态建设与社会经济发展之间存在着矛盾。因此，有必要树立正确的生态经济观，加大资金、人才和技术的投入，把生态建设与经济发展结合起来。林业生态建设是实现原始建设和社会经济共同发展的巨大而长期的工作。

随着社会全面可持续战略的普及发展，生态环境的平衡得以维持。林业培育和林业资源保护是林业生态建设的重要组成部分。林业工程等绿色工程引起了社会各界的广泛关注，表明了林业资源的重要性。要了解林业资源保护的重要性和紧迫性，林业培育的主要作用是分析加强林业培育和林业资源保护的战略，只有提高林业培育的质量，分析林业培育的应用。促进林业健康发展，为了实现林业资源的有效保护，针对新时期林业培育发展中存在的问题，改变中国的社会经济发展模式，促进中国社会和经济的持续稳定发展，经济发展要改变生态经济和绿色经济的概念。

第七章 林业规划

第一节 林业规划存在的问题及对策

指出了林业规划是我国林业发展的重要内容,在保护森林资源、促进生态和谐、推动我国经济发展等多方面都发挥着举足轻重的作用。基于此,分析了林业规划中现存的问题,提出了采取完善相关管理制度、加强对相关人员的意识培养和技术培训、加大相关设备的投入等一系列具有针对性的解决措施,以期促进林业规划工作的有效进行,进而为我国林业生产建设事业的进一步发展提供保障。

林业规划不仅担负着维持生态环境的重任,还要承担起为国家发展需要而提供经济林的任务,它对促进社会和谐有序的发展具有重要意义,是当代社会发展中的必要内容。要提高林业规划效果,推动我国林业发展,需要不断地对林业规划工作进行思考,要对各方面因素对林业规划效果的影响进行分析,要对不同时期的不同林业规划过程中的不足进行研究,更要对不同时期的林业规划中存在的不同问题的解决措施进行探讨,这样才能保证林业规划事业一直处于科学、有效的发展过程中。对于现阶段的林业发展而言,解决林业规划中缺少完善的管理制度等问题是林业发展中的重点内容。

一、林业规划的内容及重要性

林业规划分为国家和地区两个部分,国家层次的林业规划需要结合林业的现阶段发展情况以及林业未来的发展趋势两方面内容作为参考,但始终秉承着可持续发展的宗旨,严禁再出现过度砍伐的现象。从本质上看,国家层次的林业规划注重的是林业发展对社会综合发展的影响力,且看待林业规划的眼光更长远。地区层次的林业规划一般来说都是以国家的林业规划为方向,但需要结合地区实际进行适当调整。

林业规划在促进我国林业发展方面,发挥着举足轻重的作用,也在社会发展中扮演着重要角色。最直接的作用在于它对森林资源的保护。在我国发展初期,森林资源在我国经济发展和人们日常生活中扮演着重要角色,当时社会和民族对森林资源的依赖性都特别高,过度使用导致了生态环境的恶化。近年来,环保意识的逐渐高涨让人们看到了森林资源更高的价值,而林业规划是保障森林资源的重要方式,通过科学的理念和技术对森林资源再生做出分析、规划,设计出最符合实际的保护和再生方案,促进生态环境的改善。其次,林业规划对经济发展也具有重要意义,林业规划中包含对经济林的规划,能够为相关领域的发展提供森林资源支持,间接推动经济的发展。

二、现阶段林业规划中存在的问题

(一)林业企业管理不够完善

林业企业是林业规划发展的保障,企业的管理方式会直接影响林业规划的效果。目前很多林业企业在管理上并不健全,没有为林业规划方面发挥出更高的作用,主要表现为以下几个方面。首先,是企业的认知不够全面,片面的认为只要荒山荒地的数量和面积在较少,就是林业规划的目标和效果体现,然而,在种植树木的时候并没有对市场现状及发展趋势进行调查,导致树木种植的种类偏少。其次,对于树苗种子的培育以及种植完成后的幼苗的保护没有付出足够的精力,对树木成活率和生长率的重视程度不够,导致树木生长状况不佳,质量和数量都有待提升。最后,是在林木的后期维护管理上有所欠缺,因为对林木的生长维护不够重视,导致很多树木会因为环境、天气变化而生长状况不佳,因为管理预防不力,还会出现火灾、虫灾等灾害,威胁树木生长。

(二)林业规划中技术与设备都跟不上实际需求

林业规划是一项技术要求较高的工作,但就现阶段而言,技术设备跟不上林业规划的实际需求。仍使用传统、老式的设备,使得林业规划的效率以及效果都受到影响,是阻碍林业规划发展的关键因素。另外,我国林业建设兴起时间相对比较迟,经验相对较少,设计理念也相对落后,导致在实际的林业规划设计方案中无法做到与实际情况有效结合,缺少科学性、合理性、针对性,无法实现将林业调查、林业规划、林业设计、林业监管等内容进行融合。设计理念上的落后、技术设备的落后,是导致目前林业规划效果不佳的关键点。

(三)人才稀缺

林业规划通常工作地点较为偏僻,工作压力也相对较大,体力付出也更大,这些都是林业规划工作最为突出的特点。近年来,虽然林业规划工作整体有了一定的改善,但是其难度、压力和劳累度依然存在,且随着社会发展,林业规划的侧重点会有所改变,这会让很多原有人才逐渐无法适应,工作上逐渐无法满足林业规划的要求,导致人才流失。另外,林业规划的工作环境较差,可能会需要在深山密林中进行规划工作,自然就会存在一定的难度和危险性,过于艰辛的工作特性使得愿意投身于林业规划的人才越来越少。人才的流失加上人才引进的难度增加,导致林业规划事业人才稀缺,致使林业规划发展受限。

三、对策与建议

(一) 完善林业规划管理制度

在企业管理方面,国家要实施宏观调控,通过国家介入,促进企业对自身管理制度的建立健全,促进对林业规划标准的制定,逐渐建立完善的林业规划管理制度。另外,相关政府部门应制定出科学合理的林业规划鼓励政策以及相应的管理制度,进一步督促林业企业的管理,提高企业管理有效性,结合当地实际情况,选择最适合当地种植的树木品种,并加强对树苗的培育,做好树木成长的维护措施,避免各类灾害的影响,提高树木的生长率和成活率。

(二) 加大技术与设备的投入

资金的引入,一方面需要相关政府部门的扶持,但更重要的是企业自身要转变经营方式,开拓新的林业产业,通过提高企业收入来引进技术与设备。因此,企业需要增加产业结构,促进林业副产业的拓展。在树木种植方面,要根据当地实际情况,选择性价比、稳定性、经济效益更高的树木,逐渐开拓市场。另外,还可以发展森林旅游资源,增加企业收入,引进先进技术与设备。

(三) 重视人员培训与教育

人才方面,造成人才流失的主要原因在于能力逐渐跟不上林业规划需求,要解决这一问题,一方面企业需要加强对现有人才的培训力度,积极为员工提供学习的机会和平台,让他们的专业技术能够使用林业规划的需求;另一方面,需要重视行业内的交流学习,各企业之间就现有问题进行交流学习,答疑解惑,有针对性地解决员工在工作中存在的问题。至于人才引进,需要国家和企业加强宣传力度,并结合实际开放优惠政策,以此吸引更多的优秀人才。

林业规划对促进林业发展、改善生态环境、增加社会效益等方面具有重要作用,企业和相关政府部门都应该要重视,对于现阶段林业规划中出现的问题,需要结合实际采取科学、合理、针对性的应对措施。这些问题的解决，需要国家介入，采取宏观调控的方式促使林业规划管理制度的完善，并给予充分的资金扶持，促进企业在林业规划管理方面更加完善，帮助企业引进先进的技术与设备，还要加大对林业规划的就业宣传、增加相关的就业优惠政策，以吸引人才引进。企业方面，需要自身改变经营模式，提高收益以引进技术和设备乃至人才；需要加强对员工的培训、交流力度，提高员工专业水平；要完善相应的管理制度，确保林业规划工作的有效性。

第二节　乡镇林业规划设计与造林技术探讨

指出了乡镇林业的建设是我国林业发展中重要的一部分，而在乡镇林业建设当中，林业规划设计工作以及造林技术的应用都是十分重要的。从当前我国乡镇林业的发展情况来看，还存在一些问题需要解决。针对乡镇林业规划设计工作的改善以及造林技术的应用进行了探讨，以期为乡镇林业的发展提供参考。

随着当前社会经济建设的不断发展，人类社会工业化程度也在逐渐加深。工业化的发展除了促进科学技术的提升以外，还带来了较为严重的环境污染问题，包括雾霾、水土流失、臭氧层空洞、沙漠化现象等。目前，生态自然环境的保护已经成为各个国家和地区的首要问题之一。在我国，解决环境污染问题是建设可持续发展社会的保障。而要想改善目前的自然生态环境，林业的发展与规划是十分重要的，特别是乡镇林业生态的建设。森林对于生态环境的保护来说，不仅能够起到含蓄水源、保持水土以及净化空气的作用，同时森林本身就是一个天然的动植物资源宝库，对于我国生态资源的保护有着极为重要的作用。除此之外，森林资源的有效利用能够开辟新的旅游路线，带给国民更加健康的生活方式，提高国民的生活质量。而乡镇所处地与林区距离较近，对林区的管理以及生态环境保护有着直接的作用。因此，加强乡镇林业的管理以及规划工作，进一步推广造林技术，才能帮助乡镇林业更好的发展，实现林区生态效益的同时也为当地经济水平的增长做出贡献。

一、当前我国乡镇林业建设工作中存在的问题

随着我国社会经济建设的不断发展，我国城市化进程也在逐渐加快。当前，城市的规模在不断地扩大，而城市的绿化面积却越来越少，城市环境问题也越来越严重。在这样的情况下，要想更好的保护我国的生态自然环境，实现可持续发展社会的建设，就必须加强乡镇林业的建设工作。目前，我国政府相关部门已经推出一系列相关政策和措施，希望以此推动我国乡镇林业规划设计工作，并且让更多新型造林技术

以及管理理念应用到林业建设当中，从而有效促进乡镇林业的发展，以此带动城市生态自然环境的改善。不过，目前我国乡镇林业规划设计工作仍然停留在较为初级的阶段，还在不断地探索当中，同时相关政策并没有清晰明确的对乡镇林业发展工作进行监督管理，并且指导各项工作的开展，这样一来就会对乡镇林业发展造成阻碍，从而影响乡镇林业的发展以及新型造林技术的应用。

二、乡镇林业规划设计工作的开展

（一）挑选合适的造林地点

在乡镇林业建设工作中，挑选合适的造林地点非常重要。这是因为，优越的地理环境对于树苗的生长以及动物的生存有着重要的作用。除此之外，林区的发展必然会对周围的生态环境以及人类活动造成影响。从这两点出发，笔者认为进行乡镇林业规划设计工作时，就需要注重以下3个方面的工作。首先，要挑选适宜森林动植物生长的区域，确保土壤的肥沃程度。其次，造林的地点最好与居民生活区有一定的距离，避免对乡镇居民的日常生活造成影响；最后，在挑选造林地点的时候，还需要充分考虑到研究问题，这样才能更好的监控乡镇造林状况，为乡镇林业的发展做出贡献。

（二）挑选合适的树种

对于乡镇林业的规划设计工作来说，挑选合适的树种也是十分重要的。树种的挑选一定要充分考虑到当地的实际情况，对树种的生长特性以及优势进行详细的考量，最后还需要考虑到当地乡镇造林的条件与影响因素。同时，需要注意的是，在树种挑选的时候，负责林业规划设计的人员一定要对当地生态建设的情况进行详细的了解，不断优化当地林区的生态结构，这样才能促进乡镇林业更好的发展。

三、乡镇林业造林技术的推广与应用

对于我国的社会发展建设来说，林业的发展不仅可以为社会的发展建设，人类的生活与经济活动提供丰富的资源，同时森林本身所具有的保持水土以及含蓄水源的作用，也能够进一步改善自然生态环境，为国民创造更加良好的生活空间。因此，在这样的情况下，乡镇必须要进一步加强林业的规划设计工作以及新型造林技术的推广和应用，这样才能促进当地林业更好的发展，达成共同实现生态效益与经济效益的目标。从目前我国林业的发展情况来看，乡镇林业的发展与其他地区有着较为明显的优势。然而，从当前我国乡镇林业建设情况来看，其成效却并不明显。之所以会出现这样的情况除了是因为政府对林业建设工作缺乏重视以外,同时也因为造林技术得不到有效的利用。在这样的情况下,笔者认为必须要进一步加强造林技术在乡镇林业建设中的作用,才能更有效想促进乡镇林业的发展。

（一）合理利用造林技术

相比其他技术而言,造林技术本身具备一定的特殊性,直接关系到林业发展的成败。因此,在林业设计规划工作当中,一定要合理利用造林技术。要做到这一点,就需要工作人员在应用造林技术时,从实际的情况出发,充分考虑到当地环境因素对林区建设的影响,包括气候因素、地理因素和地质因素等,根据当地实际的土壤状况以及市场中实际的需求来进行树种的种植。除此之外,在造林技术的挑选中,还需要配合林业规划设计工作的理念以及计划。这样做的优势在于不仅可以体现出林业规划设计的指导作用,同时也能够将造林技术更好的应用在造林工作当中,为乡镇林业的发展做出贡献。

（二）坚持适地适树

在乡镇林业的建设当中,适地适树是一项非常重要的技术。该技术的应用需要工作人员注意在进行乡镇林业规划设计工作中,要坚持因地制宜的原则,根据当地的实际情况来挑选合适的树种。因为不同树种,对环境的适应性也有所不同。除此之外,在进行林木种植过程中,还需要充分考虑到当地的土壤、光照以及污染情况,从而更好的进行树种的挑选。譬如说,阳光较为充足的地区就可以种植桃树和李树,这样符合桃树李树的生长习性,而在整个林区系统当中,则较为适合种植在林区的边缘地区。而银杏、松树等,生长过程中最怕涝灾,因此就需要种植在高地势的山坡地区。

（三）表现树种的多样性

在乡镇林业建设当中,应注重森林物种的多样性。因此,在进行林业规划设计工作当中,一定要采取不同的树种进行搭配。同时,还需要考虑林区中动植物以及微生物之间的关系,平衡不同物种之间的生态关系,稳定整个林区的生态系统。需要注意的是,在林业规划设计的初期工作当中,必然会出现树种选择较为单一性的情况。而从整个林业发展情况来看,多样性的生态结构是林区发展的趋势和方向。因此,在之后的林业规划设计中就需要丰富林区的生态结构,才能保障当地林业更好的发展。

（四）形成复层化结构

单一的林区结构不仅会对林区的经济效益和生态效益造成影响,同时也会影响到树种的抗病虫害能力,对树种的健康生长造成阻碍。因此,在造林技术的应用过程中,必须要确保复层化结构的形成。当然,复层化结构也需要保障自然条件的一致性,这样才能让森林树种更好的生长。除此之外,在森林的苗木管理工作中,还应注重培育和检测工作。对于苗木的病虫害情况以及生长情况进行严密的监控和管理,确保苗木的健康以及苗木的正常生长,这样才能及时发现林区中村庄的问题,采取有效的措施来加强林区的管理工作,更好的保障林区中动植物资源的可持续发展,加强资源的利用率,在保障林区生态效益的情况下也能够促进林区经济效益的增长,为乡镇地区林业的发展做出贡献。

乡镇林业的发展对于我国林业的发展以及保护我国生态自然环境有着极为重要的作用。在乡镇林业的建设当中,规划设计工作以及造林技术的应用是十分重要的。只有这样才能确保乡镇林业更好的发展,同时提高林业资源的利用率,为林区经济效益和生态效益的共同增长提供帮助。而在这个过程当中,就需要挑选合适的造林地点、挑选合适的树种、合理利用造林技术、坚持适地适树、表现树种的多样性以及在林区中形成复层化结构,这样才能确保林业更好的发展。

第三节 林业规划设计的改进措施

当前,我国在林业规划设计的过程中,还存在一些问题,难以保证其工作质量。因此,在林业规划设计期间,需要相关部门制定完善的管控方案,利用科学的工作方式对其进行处理,保证规划工作质量符合相关规定,满足其实际发展需求。基于此,本节针对吉林省蛟河区域林业规划设计进行分析,提出几点工作建议。

一、概况分析

吉林省蛟河市位于吉林省东部,长白山西麓,在林业发展的过程中,行政部门已经开始对其进行全面的控制,可以有效提高其工作质量。且蛟河市的森林占有境内总面积的66.6%,森林覆盖率为60%,可以使用的林业为24公顷左右,防护林的面积在28公顷左右,特用林的面积占有面积1300公顷左右,经济林的占有面积为2400公顷左右。在实际工作期间,相关部门需要创新工作形式,提高林业管理工作效果,按照相关要求对其进行处理,保证林业管理工作质量。

二、林业规划设计现状分析

当前,林业规划设计工作具有指导性特点,在对其进行设计之后,可以有效提高林业建设与生态建设效果,加大管理工作力度。然而,在实际设计期间,经常会出现一些问题,影响着规划设计工作质量,难以保证技术性与专业性效果。部分管理机构在实际工作期间,虽然已经针对林业规划设计工作进行了整改,但是,在实际工作期间,还存在一些难以解决的问题,无法保证工作质量。当前,一些部门在实际工作期间,过于重视技术人员的工作水平,忽视经营管理工作效果,不能对其进行全面的改革处理,且无法总结工作经验,难以利用科学的方式对其进行创新处理,导致工作效果逐渐降低。

　　部分部门在林业规划设计工作中,可以按照相关要求对林业资源进行全面的规划,无法明确林业规划设计特点,对其进行合理的设计。一些部门在勘测的过程中,制定了完善的保护方案,遵循相关工作原则,有效提高工作效果,为林业规划工作奠定基础。部分管理部门在实际工作中,可以积极开展探索与管控工作,保证其工作成效满足相关规定。

三、林业规划设计问题分析

　　在林业规划设计的过程中,相关部门还没有制定完善的管控方案,不能树立正确的观念,技术与设施较为落后,难以保证工作效果。

　　第一,缺乏正确的工作观念。相关部门在林业规划设计工作中,还没有树立正确的工作观念,不能按照相关要求对其进行处理,导致工作质量降低。一些部门的领导对于林业规划设计工作不重视,没有产生正确的工作认知,不能对其进行全面的控制,导致工作质量逐渐降低。

　　第二,技术与设备滞后。当前,林业规划部门在实际设计工作中,还没有引进先进的技术设备,不能按照相关要求对其进行处理,难以提高林业规划设计工作先进性程度,不能对其进行全面的处理。

　　第三,缺乏完善的监管机制。林业部门在开展林业规划设计工作期间,还没有制定完善的监管机制,不能对其进行全面的监督与管理,无法保证自身工作质量。且监管部门对于自身工作缺乏正确的认知,无法及时发现实际工作期间存在的违法违规行为,难以保证自身工作质量,无法利用先进的监督管理方式对其进行控制,导致出现监督不到位的现象,影响着当地林业发展效果。

四、林业规划设计改进措施

　　在林业规划设计的过程中,还存在一些问题,无法保证自身工作质量,因此,相关部门需要利用科学的方式对设计工作进行改进,遵循设计工作原则,提高其工作质量。具体改进措施包括以下几点:

(一)建设高素质设计人才队伍

在林业规划设计的过程中,相关部门需要积极建设高素质设计人才队伍,提高设计人员的专业素质与工作水平,保证可以达到良好的设计目的。首先,需要积极开展思想教育工作,利用思想政治教育方式,提高设计人员的职业道德水平,为其树立正确的工作观念,在改造设计人员思想的基础上,提高其工作积极性,达到预期的管控目的。其次,需要做好专业知识与先进技能的培训工作,对设计人员进行阶段性的教育,保证其工作能力可以满足相关规定,在培养其创新能力的情况下,加大教育管理力度,优化其工作体系。最后,全面落实各类工作内容。相关部门需要制定长远的规划方案,根据相关工作要求,建立健全质量管理模式,逐渐提高其工作效果。

林业规划设计属于生态保护中的重点工作之一,只有保证设计人员专业素质符合相关规定,积极建设高素质人才队伍,才能改进设计方式,增强其工作效果。

(二)加大资金投入力度

对于林业规划设计工作而言,需要具有足够的资金支持,对机械设备进行更新,积极引进先进的技术。相关部门需要拓宽经费来源渠道,邀请社会各界参与到投资工作中,增加林业规划设计工作资金,保证其工作的正常实施,逐渐提高其工作可靠性。同时,需要在引进先进技术与设备之后,增加培训资金,使得设计人员可以掌握技术、设备的应用知识,发挥其应用作用,以此提高工作质量。另外,还要加大资金的引进力度,提高工作人员的薪资待遇水平,以此提升其工作积极性,可以在自身工作中,遵循相关规定与要求,逐渐提高工作效果。

(三)加大监督管理工作力度

在林业规划设计改进期间,需要相关部门做好监督管理工作,制定动态化的监督与管理方案,按照相关要求对其进行处理,保证工作质量符合相关规定。在监督管理过程中,相关部门需要制定完善的工作制度,首先,需要树立正确的管理观念,加大监管理念教育力度,提高工作人员的责任感与工作积极性,使其可以针对林业规划设计工作进行管理。其次,需要完善相关机制,提高监管工作公平性与合理性,并制定奖惩制度,将监督工作责任分配给工作人员,要求其完成某一区域的工作任务,在区域内林业规划设计监督工作质量较低的时候,就要对其进行物质惩罚,同理,在设计监督工作质量较高的时候,需要对其进行物质的奖励,在奖惩结合的情况下,提高监管工作人员积极性,使其可以利用科学的工作方式对其进行改进。

在林业规划过设计过程中,相关部门需要及时发现其中存在的问题,采取有效措施解决问题,建设高素质设计、技术人才队伍,投入足够的设计改进经费,加大管理工作力度,在引进先进机械设备与技术的情况下,逐渐提高蛟河市林业规划设计工作可靠性。

第四节 林业规划编制实践与要点

林业规划是指导未来时期规划区域林业行动的重要指南。文章提出了林业规划的定义及类型,论述了编制林业规划的主要环节,并提出提高林业规划编制质量的主要途径,对搞好顶层设计,提高林业规划编制质量具有借鉴与指导意义。

规划是政府履行宏观调控、经济调节和公共服务职责的重要依据。孙中山早在1919年就撰写了《建国方略》,对中国的发展进行了远景规划。1979年,邓小平南行后,明确提出了我国改革开放的总设想、总规划。《国务院关于投资体制改革的决定》(国发[2004]20号)明确,按照规定程序批准的发展建设规划是政府投资决策的重要依据。规划的作用与意义由此可见一斑。林业经营周期长的特征,决定了规划对其具有非同凡响的意义。国家林业局每隔一段时期,就要从战略的角度出发,编制各种大尺度的宏观规划。从省级层面看,一方面要做好与国家规划的衔接,编制具有地域特色的规划;另一方面,要根据本省发展需要,编制各种专业性更强的规划。设区的市、县(市、区),甚至乡(镇、国有林场)情况与此类似。各类符合地方实际的规划对林业发展的作用是不言而喻的。为了科学合理地编制好林业规划,有效指导林业生产实践,特结合工作实际,对编制规划的重点环节、要点进行论述与探讨。

一、林业规划的定义

规划一词在辞海的注解是打算。它指个人或组织制定的比较全面长远的发展计划,是对未来战略性、整体性、基本性及重要性问题的思考和考量,是设计未来整体行动的方案,也是融合多学科、多技术、多要素的某一特定领域的发展愿景。林业规划是指对土地以林业为目的的中长期生产力布局。具体而言,林业规划是指在特定地域,围绕既定方针、目标、任务,采取先进技术与手段,提出合理可行且富有时代特征的发展布局、工程项目及保障措施,为林业发展提供决策与依据而制定的具有纲领性作用的文件。

二、林业规划类型

（一）按规划的种类分

产业类规划是指以发展壮大林业产业，追求经济效益为主的规划。如林业产业发展规划、用材林地利用规划、速生丰产林基地建设规划、特色经济林建设规划、竹产业总体规划、油茶产业发展规划、木材战略储备林基地建设规划、林下经济总体规划等。这一类规划的共同特征是规模较大，多针对中大尺度地域而言。

生态类规划是指以保护森林或湿地生态，维护国土安全，保护饮用水源或建设宜居环境而编制的规划。如生物防火林带建设规划、流域治理规划、沿海防护林体系建设总体规划、自然保护区建设与发展规划、湿地保护利用规划、长江流域防护林建设规划、林业生态建设规划、平原绿化总体规划、生态文明建设规划、生态林优化调整布局规划、饮用水源保护规划等。

旅游类规划是指以森林公园、湿地公园、自然保护区等为载体，为了开展生态旅游而编制的规划。如森林旅游发展规划、森林公园建设总体规划、湿地公园建设规划、生态园总体规划、自然保护区建设规划等。旅游类规划可以是产业性的，比如某森林公园、湿地公园、自然保护区建设完成后，直接向游客收门票；也可以是非产业性的，如向公众免费开放的城郊森林公园等。鉴于此类规划数量较多，具有特殊性，因此单独分成一类。

树种类规划是指以某一特定树种为对象所编制的规划。这些树种包括用材树种、珍贵树种、能源树种、工业原料树种等。福建省当家树种杉木、马尾松，早期已编制过不少规划。20世纪90年代，以漳州市为主编制了桉树发展规划。这些树种对福建省商品林建设发挥了巨大作用。在珍贵树种中，本省比较有发展潜力和特色的树种规划有降香黄檀、南方红豆杉、闽楠、红锥等，但发展规模均不大，仅限于中小区域，缺乏全省性的宏观规划。在能源树种中，已编制且发展较好的树种有油茶、无患子、麻疯树等。值得注意的是，由于分类角度不同，可能形成概念上的交叉，比如杉木、马尾松、桉树等，既可以归到产业类，也可以是树种类。

综合类规划是指除上述类型外的林业规划。比如林地定额规划、林地保护利用规划、国有林场扶贫规划、良种基地建设发展规划、森林经营规划等。这些规划产业或生态特征不明显，有可能时代特征明显，比如森林经营规划早期比较注重商业性采伐，近期则偏向生态保护，鉴于其变数较大，故归入此类。

（二）按规划涵盖的地域大小分

大尺度规划指以全国、全省、设区市或大流域为范围所编制的林业规划。如福建省"十三·五"林业发展规划，闽江流域生态保护建设规划等。

中尺度规划指以县（市、区）为主，或以某几个地域上相连的乡镇为范围所编制的林业规划。如环三都澳基干林带建设规划、福建省国有林场"十二·五"发展规划等。

小尺度规划主要指以特定乡（镇）、南方地区小型国有林场、行政村或面积较小的各类园区所编制的林业规划。如国有林场发展规划、湿地生态园建设规划等。

（三）按时间跨度分

按时间跨度分，可分为短期规划（规划期 3~5a）、中期规划（规划期 5~10a）和长期规划（规划期 10~30a）。

三、编制林业规划主要环节

（一）收集资料

包括与编制规划直接或间接相关的各类基础资料、上位规划、科技文章等。鉴于编制人员可能对所编制地区的情况并不完全熟悉，因此，应尽可能地收集各类基础资料，吸收消化相关规划的精髓，并将其有机融入所编制的规划中。值得注意的是，林业规划不仅涉及本系统，也经常涉及发改委、国土、环保、交通、农业、海洋、水利等非林系统，有时甚至还涉及乡（镇、场）、开发区等。因此，收集资料时必须缜密，尽量防止遗漏。此外，编制地区与规划相关的科技文章是前人经验的浓缩与升华，往往能为规划编制者提供各类有益的信息，为规划带来灵感，多阅读此类文章，可有效提高编制质量。

（二）调查与沟通

细致深入的调查是编制高质量林业规划的基础。规划设计人员必须深入实地，认真开展调查，全面了解规划地区地形地貌、山川水系、社会经济、交通人文等情况，以增强感性认识。此外，规划人员应充分与委托单位沟通，倾听其对规划的要求，领会意图，为编制接地气的规划打好基础。值得一提的是，林业规划可能涉及发改、国土、农业、海洋、交通、水利、旅游等多个部门，必须逐一与其交流沟通，收集相关资料，以便形成有机衔接。

（三）厘清规划思路

外业完成后，项目负责人应认真消化各类基础资料，召集规划编制人员进行充分讨论,以发挥集体智慧,形成初步规划思路。若发现资料收集不全或有遗漏,必要时可赴实地进行补充调查,通过消化吸收,提出规划基本思路。

(四)拟定规划提纲

科学合理的规划提纲是编制林业规划的生命线。先有好的规划编制提纲,后有好的林业规划。拟定规划提纲可充分参考同类规划,并结合规划要求与规划区实际定夺。同时,在林业规划编制过程中,编制人员需开动脑筋,对原有提纲进行不断修改优化。

(五)统计汇总

林业规划必须以数据为前提,这些数据包括基础数据与规划数据,通常以统计表的形式反映出来。在开展规划前,应对规划区的基本情况进行全面摸底,收集并汇总各类统计数据。无论是现状或规划统计表,均因规划目的不同而异。以森林经营规划为例,涉及的统计表有土地类型面积、林分面积及蓄积、各优势树种各龄组面积及蓄积、用材林各优势树种各龄组面积及蓄积、林分各郁闭度等级面积、林地功能分区面积、不同采伐类型面积及蓄积规划表等。在进行统计汇总时,应确保统计表数据翔实、表间吻合、逻辑正确、单位无误。规划数据除了满足这些要求外,还要求数据切合实际、规模合理、依据充分、数据可获取。必要时,可以将这些数据以图示的方式融入文本,以增强直观性。

(六)绘制图纸

图素齐全每张图纸均必须含有图名、图廓、图例、比例尺、指北针等图素,并根据规划要求有选择性地显示交通、水系、驻地、行政界线等要素。一些林业规划还要求适当标注山峰海拔,尤其是最高、最低海拔,以满足阅图需要。制图时切记不能形成孤岛状的图纸,即只显示规划区域的各种图素,而未显示与规划区相关的周边行政范围的图素。这是因为规划是有地域性的,它与周边密切联系,不能不考虑与其直接相依的周边区域的交通、水系、山脉、海域等情况。比如,目前已步入高速、高铁时代,规划区是否有高速或高铁与外界相连,以及走向如何,均必须在图上直观真实地加以反映。20世纪70~80年代林业系统曾制定了林业制图规范,对制图提出具体要求与规定。随着计算机的普及,这些规范已不能适应林业制图需要。因此,国家林业局根据各种规划需要制定新的制图规范,如2012年在部署开展全国林地保护利用规划时,就专门制定了《县级林地保护利用规划制图规范》。

色彩合理其一,图纸调色颇有讲究,其基本要求是颜色不能太多太杂,以便于肉眼分辨。除非有特殊需要，否则一个图种的颜色以不超过5种为宜。设想在万国旗中找寻某国国旗，肯定是件十分不易的事情。当然，这还要根据规划具体要求确定。一个林业规划究竟要出哪些图，每个图种要表达哪些内容，在开展规划前就必须确定下来，并与制图者充分沟通。其二，颜色需区分明显，对比要强烈，如森林类型包括商品林与生态公益林，商品林又细分为一般商品林、重点商品林，生态公益林细分为一般生态公益林与重点生态公益林。在配色时，可以把重点与一般商品林定为相邻的两个暖色系（如紫色与棕红色），把一般生态公益林用相邻的两个冷色表示（如蓝色与绿色），切忌混用。其三，应把规划中最关注的对象以更显眼的颜色表示出来。譬如，在进行造林规划时，采伐迹地、宜林荒山、火烧迹地等无林地可以采用肉眼更容易识别的红、棕、紫等颜色，而不采用灰、白、黄等色系。

主题突出规划图应突出重点，把人的视线引向最重要且最值得关注的规划对象。如在进行基干林带区划界定规划时，基干林带、海岸类型、最高潮水位、陆海分界线均为规划图的重点图素，必须以比较显眼的颜色图示。又如，福建省"十三·五"林业发展规划提出了"一屏二廊多带多点"的生态空间布局，其中屏、廊、带均必须各成体系，着色异同，分界明显，以衬托主题，吸引眼球。

富有创意林业规划必须具有可操作性，即要求规划要"实"。越来越多的规划要求所涉及的工程、任务可落到实处，落实到山头地块。以福建省为例，由于林地面积广阔，据此所绘制的专类规划图必然星星点点，有失美观。因此，创意尤为重要。这就要求规划图要虚实结合，富有创意，比如可以辅以柱状图、饼图、辐射图等，以增强视觉效果，起到美化作用。

（七）做好规划衔接

规划衔接是保障各级各类规划相互协调、形成合力的关键。下一级规划要与上一级规划相衔接，专项规划、区域规划要与总体规划相衔接，相关的专项规划之间要进行衔接。

（八）撰写科技论文

林业规划与科研成果不同，它更偏重于应用。尽管如此，林业规划本身应具备一定的学术水平，体现规划价值。实际上，编制规划更注重怎么做，而不必拘泥于为何这么做。由于林业规划多属系统内规划，规划成果出版发行的为数不多，导致规划成果无法交流与共享，限制了规划水平的提升。因此，林业规划完成后，应及时将其精髓、亮点、创新性等加以总结提升，撰写成科技文章，并展现给规划界同仁，以打破疆域,促进交流。

(九) 把握重点

综上所述,林业规划需考虑的因素众多,每个规划又因要求不同,其所关注的焦点问题相异。尽管如此,各规划间仍有一定的共性可循,应把握的重点可归纳为"确纲定责、汇数落图、精编细作、校审提升"四句话。"确纲定责"是指科学编制规划提纲,并明确各章节编写人员。其中"确纲"带有顶层设计的意味,一般由项目负责人提出初步提纲,再由学科带头人或技术管理部门召集业务骨干商讨确定。"汇数"是将所收集的各类数据及时汇总成现状统计表,在此基础上根据规划要求形成规划表,并要求表间及表内无逻辑错误,数据科学合理。"落图"是指现状及规划图均可落实,且图面美观。"精编细作"指各编写人员必须密切配合,注重章节间的联系,资料互提完整无误,规划成果文字精练,重点突出。"校审提升"是指规划文本完成后由校审人员严格把关,提出修改意见。这件工作一般由规划设计单位精于业务的骨干、专业副总工程师、总工程师完成,并由项目负责人召集编写人员进行修改完善。以上四个节点,确纲定责是引领,汇数落图是基础,精编细作是抓手,校审提升是保障,各节点紧密相连,缺一不可。

四、提高林业规划编制质量的主要途径

(一) 搞好顶层设计

顶层设计在工程学中的本义是统筹考虑项目各层次和各要素,追根溯源,统揽全局,在最高层次上寻求问题的解决之道。为了编制好林业规划,做好顶层设计事关重大。实践表明,搞好顶层设计不仅可以确保不走或少走弯路,而且能使林业规划成果具有科学性、合理性与可操作性,兼容性强,尤其是带有战略性的林业规划更是如此。比如全省性大型林业规划或初次接触的大中型林业规划,由于涉及面广,技术难度大,需考虑的因素多,应由学科带头人或具有丰富实践经验的技术骨干负责顶层设计。

(二) 实行项目负责制

项目负责制经实践证实是行之有效的提高林业规划编制质量的途径之一。根据本单位技术人才的特点,选好项目负责人,往往能起到事半功倍的效果。甲级规划单位设计每年可能承接多达百余项的规划任务,无论是该单位的技术权威或技术管理部门,均无法做到面面俱到,做到不留规划死角。因此,规划设计质量好坏直接取决

于所选定的项目负责人是否称职。一个责任心强，能力高的项目负责人，可以有序组织项目组成员开展工作，并提交高质量的设计文本。反之，若项目负责人水平差，能力低，所提交的设计文本往往错漏百出，存在严重的质量问题。

（三）严格执行校审

规划完成后，需分别由技术管理部门、专业副总工程师及总工程师进行校核、审核和审定，简称"三审"。有的规划设计单位对规划进行分类，如分为重点项目与一般项目，并规定重点项目必须实行"三审"，而对简单或难度较小的一般项目只进行"两审"（校核和审定）。通过严格的校审，一方面可以发现林业规划中存在的重大问题或方向性错误，另一方面，可以把规划文本中的各类错误降至最低水准。

第五节　ArcGIS在林业规划设计制图中的应用

本节指出了伴随信息技术的全面进程与应用范围的拓展，特别是近年来计算机技术的全面发展，GIS逐渐被应用于各行各业，为当代林业建设提供了强有力的支持，尤其对林业制图的发展起到了较大的促进作用。

近年来林业制图软件正趋于多元化发展趋势，大多以功能应用为主，而Arcgis等地理信息系统软件在众多林业制图软件中极具优势，主要包括下述几方面：十分出色的编辑、制作、输入及Topology功能，而且还可以对属性参数实施多层次的处理及分析。同时可以对区域内的使用情况、植物分布的基本特性及立地环境等一系列参数实施多层次的处理，同步掌握森林资源和相关因素的空间时序状态，能够对森林资源数据予以直观显示，进而匹配于可视化需要，从根本促使林业生产应用过度为数字化，为森林资源的搜集与经营设计等实施参数处理。通过Arc-地理信息系统制图，可以在一定程度上深化制图有效性、缩减内业工作所需的时间，因此能够深化工作效率，节约投资。笔者将以Arcgis在林业规划设计制图中的应用作为切入点，在此基础上予以分析，相关内容如下所述。

一、地形图的配准

在林业规划设计过程，图纸的形式包括两类：①涵盖坐标系的电子地图，其中包括计算机辅助设计格式，空间数据处理软件格式与View-GIS格式等，②不包含坐标的纸质电子扫描图。若为前一类地图形式，通常能够直接应用至林业，不过因为上述电子版格式图件因制图软件功能的影响，针对综合性制图，尤其是大型森林资源专题图，则无法满足大量小班图表，但是Arc-地理信息系统平台就能够整合一般制图软件功能,进而达到规划设计工作者对相关调查参数分析的需要。

对涵盖坐标系的电子版地形图,如计算机辅助设计格式,空间数据处理软件格式与 View- 地理信息系统格式等图件,能够经软件固有的功能,予以格式调节。

打开 ArcMap,选择"栅格配准"选项。在此基础上将要实施配准的影像放置于 ArcMap,经输入控制点予以配准,在此基础上予以自行矫正,进而完成栅格图形配准。

二、林业专题图制作

要素参数的构建。开启 ArcMap,在 ArcMap 工具栏中选择点击地理数据的资源管理器,在地理数据的资源管理器窗口内选择所需构建图层的路径,单击路径后,在右边的窗口内点右键-创建空间数据,予以命名,举例说明,构建一个名为"小班图层"的面状图层,在要素种类内点击面"poly-gon",其中涵盖三类基本类型,即点、线以及面。

在新建空间数据对话框内选择"编辑"选项,开启空间参考属性对话框,选择投影坐标系统-高斯-克吕格系统-"坐标",设置新建图层坐标。

关闭地理数据的资源管理器,把已完成配准的地形图加载进来,在此基础上把通过地理数据的资源管理器建好的图层"小班图层"添加至 ArcMap。

点击"editor"选项,在"小班图层"内予以制图。若两小班使用了相同的边,那么在制作第二个小班时,设置成"自行制作多边形",以完成的第一个小班作为基础,直至第一个小班中右键完成草图结束。若将完成的小班分成多个小班,在 editor 的任务就要设置成"剪切多边形要素",以小班外部为基础,直至小班外部结束。

输入属性参数。设计属性表,在内容菜单内择取"小班图层",通过下拉列表选择打开属性,选取其中的属性表,选择-选项-添加字段-点击添加字段对话框,在对话框名称内键入字段内容,同时选取相匹配的字段模式,在字段种类内点击相匹配的字段种类,常规的文字可选择文本形式,若以数值为主,那么就需选择数值模式,在添加字段的同时,要停止 editor 编辑。

输入属性参数包括两种方式,第一种即打开属性表,逐条条记录输入,第二种即直接在图形内右键-attribute-Open the graphical Properties dialog box——输入图形的基本属性。

面积的求算。第一类方法,选择属性表,找出需计算面积的字段-右键-字段计算-开始计算-打开字段计算器对话框,打勾,在文本框上端键入下述代码:DIMAASIAREASETA=[SHAPE],在文本框下端键入:AREA * 0. 0015。

在还没有输出的状态下，首先需对输出页面予以全面的设置。要先设计纸张的尺寸，在此基础上设置打印机模式，最后出图。在菜单内选择"文件-页面与打印形式"。

而针对版面的设计，首先要将输出的相关要素依附于所需的区域放至整体的版面内。参数框即为版面的基础。在版面视图中可以调整参数框的区域，同时调节参数框中图层的基本尺寸。在设置完数据框后，在"插入"选项内键入标题及网格等。

从"文件—打印"菜单命令中进行，将文件输出改为．JPEG格式，即可打印。

三、森林资源规划设计调查成果图的制作

溆浦县在2013年外包给其他单位的森林资源二类调查中，择取"空间数据处理软件"制图，其森林资源分布图及制作林相图等林业专题图相对较为复杂，因而将以"空间数据处理软件"成果图转入Arc-地理信息系统的操作模式予以研究。

调节属性字段。选择"空间数据处理软件"成果图，把图层属性内"Field name"的"( )"予以删除，字段长度最长极值为"20"。

导出shp格式图层。选取一个新建文件夹，此文件夹即导出图层的保存区域，点击"Fill in export surface"，根据制图的需要导出shp格式图层。

设计坐标系统。点击ArcMap，选择"view"下"Data frame properties"，"点击-投影坐标系统-高斯-克吕格系统-坐标"设计空间坐标。

加入参数。选择标准工具栏上的"Add data"，加入已导出shp格式的图层，Surface graph添加后缀为"s．shp"，Dot plot添加后缀"a．shp"，Line graph添加后缀"l．shp"的图层。

存储ArcMap文档。对文档予以存储，保存过程中键入需保存的文件名。

通常上述程序标注、填充及分类完成后，即转换至标题、版面视图制作图框以及图例。

平台设计依附于Arcgis地理信息系统，经ArcMap制作森林资源分布示意图、林相图及造林规划图等林业专题图，通过实际操作发现，其工作效率即为可观，同时图面美观简洁。

近年来随着遥感技术、地理信息系统及全球定位系统的全面发展、相互融合，从根本上深化了Arcgis在林业规划设计制图中的应用，通过前沿科技，开发应用网络GIS和微型GIS系统，慢慢构建前沿且有效的林业资源更新信息源，对森林资源的清查、自然灾害调查及病虫害监测予以立体化、多层次的动态监测，进而为林业生产与生态监测等信息提供技术服务，这在一定程度上会从根本深化当代林业生产，并提高林业综合管理水平。

第八章 林业勘察理论研究

第一节 新形势下林业勘察设计理念的优化

随着经济发展形势的转变，我国不少地区在规章制度层面已经明确指出林业勘察设计应转变思想理念，充分发挥林业的发展作用。根据目前林业的发展趋势和勘察理念，林业在发展方式和目标方面应有所革新。本节从林业勘察设计角度简单阐述问题所在，分析新形势下设计理念的优化策略。

经济社会的发展不仅带动了城市化发展，也对我国林业发展产生了重要影响。林业勘察设计需在相关规章制度和设计理念上推行多元化发展目标，在创新思想下促使我国林业更符合新形势发展需求。

一、传统林业勘察问题所在

（一）思路的局限性

传统林业勘察的最终目的在于优化当前林业发展，因此其勘察设计落足于林业发展存在一定局限性，忽视了林业发展对我国社会化建设和生态化建设的服务能力。由于传统林业的实施目的在于经济效益并非生态效益，因此在勘察思想上更重视经济性，忽视了对环境和社会资源的有效整合。思想的局限性造成林业发展在设计局限下仅停留于植树造林促进经济层面，无法在新形势下对我国生态建设产生有益影响。

（二）工作的滞后性

以往林业勘察工作的最终目标与工作重点在于林业开发，具体而言为针对林业种植、采伐展开相关工作，让林业更具经济型发展趋势。但是，这种发展工作处于滞后性状态，勘察的目的并非促进林业发展，而是在林业发展后如何利用，属于不科学、不健康的发展观念。同时，部分勘察设计存在明显不恰当性，如在喀什地区2015年以来新营造的树种明显单一化，虽然种植面积大，但单一种植下无法通过多结构林木的组合实现多元化林业建设，且缺乏防护技术与种植技术，导致当地林业发展停滞不前。

二、勘察设计理念优化策略

（一）强调生态服务建设

传统林业勘察思路在顺序上往往是先行勘察后，按照勘察结果调整实际工作。在这一过程中，若存在做法上的误区，往往会一环接一环导致严重后果。以往勘察设计中并没有过度关注生态建设，只将目光放在当前林业种植状况，忽视了可持续发展，无法充分利用勘察结果，最终导致阶段性设计方案与实际情况和发展需求不相符，设计缺乏全面性。在生态服务建设理念指导下，林业勘察设计必须在充分了解当地生态状况和基本信息的基础上展开设计，树立服务性思维，让勘察的重点不仅放在林业发展上，还应考虑社会化建设和现代化建设。

（二）深化勘察设计理念

新形势下，勘察设计理念必须有所深化，而非停留在单一层面。应结合城市发展、人文景观、旅游资源等，在林业设计中融合当地文化，建立文化特色和生态特色的林业模式。对于勘察设计人员，首先应确保勘察的真实性，在多元化思维下大胆设计。其次，应强调森林资源的保护性，并与其他资源相联系，实现多元化科学发展。最后，合理利用林业资源，虽说可获取部分经济收益，但不可过分重视，避免林业资源不可逆受损，要禁止一切非法毁坏行为，做到对林业资源的深层次和可持续性合理利用。

（三）优化勘察方式

纵观世界林业发展状况，我国相较于发达国家仍存在部分差距。在林业发展上，传统手段为测绳和皮尺。随着科技的发展与社会的进步，地形图、罗盘仪以及油锯等工具逐渐应用于勘察设计。如今，卫星定位系统和地理信息系统的普及，使GPS、卫星照片等手段有了广阔的发挥空间。在科学技术的影响下，林业的勘察手段同样需要有所改进。可借鉴国外先进的勘察手段与设计理念，结合我国普及的工具仪器，让勘察设计与技术以科技手段为支撑，适应新形势的工作要求。

（四）正确面对当前形势

随着我国国际地位的不断提升，若在林业发展中仍秉承陈旧思想，会直接制约林业的长远发展。在勘察设计方面，落后的观点会直接影响勘察设计质量，无法及时发现目前林业发展中的问题。在环境改变背景下，我国林业逐渐出现了水土流失情况，在勘察中必须加以重视并做到心中有数。考虑到当地环境承载能力，需促使林业资源得到更长远的发展。在水土安全基础上，要为林业的发展制定正确方向。勘察设计者必须认识林业建设与环境问题的关联，只有在水土资源、生态资源、环境资源、水资源以及土地资源均衡发展下，才能够为林业发展提供良好的环境。

（五）更新相关制度

目前，我国林业勘察设计采用的制度规定与文件大多较为陈旧，已经不适应新形势的发展需求。尤其是近年来我国不少地区颁布了环境保护与林业经济相协调的相关文件，强调了对林业植被的保护，降低了植被消耗量，减轻了水土流失。但是，在具体的方案措施上并没有形成条理性与规定性。因此，林业勘察人员应充分了解与展望林业发展趋势，相关管理者要在规定标准、技术要求以及政策等方面有所革新，为林业的勘察设计提供支撑。

林业勘察设计在林业发展中处于重要位置。一直以来实施的《有关强化林业发展的部署》，已经无法满足新形势下对林业发展的实际需求。要想让我国生态环境不断优化、林业发展实现长足发展，必须根据林业实际状况更新设计理念，实现经济与生态的双重发展。

第二节　新形势下林业勘察设计

随着经济的发展，生态环境的建设也越来越受到重视。而林业的发展不仅关系着农业的发展，而且关系着生态的平衡，不可忽视。目前国家颁布的《有关强化林业发展的部署》这一文件，就是对新时期新阶段的林业的发展方向和发展理念作出了要求，更新了林业勘察设计的理念。本节针对传统林业设计的理念的中存在的不足和问题，提出运用新的理念和新的技术来转变林业勘察的设计，采取转变理念的措施，促进林业的健康多元化发展和生态的平衡。

在我国，随着经济的快速发展，人们的物质生活需求也得到了很大程度上的满足，因此对于生态环境的要求也越来越高，生态农业的发展也越来越得到人们的重视，其中林业的发展是农业发展的重要组成部分，是建设生态农业和多元化经济的重要内容。然而目前林业的发展过程中还存在一些问题需要解决。改变传统落后的林业勘察设计理念，解放思想，加强技术革新，发展新型林业，是新形势下解决林业发展问题，促进林业健康发展的重要课题。

一、传统林业勘察设计理念的问题

虽然我国的历史文化悠久，在林业发展上也有着多年积累经验和教训，但是我国在林业上的科技应用水平不足,林业勘察设计人员的整体素质不高,缺乏创新性,让我国的林业发展受到了阻碍,尤其是林业勘察技术与很多国家相比都存在着一定的差距。

（一）对生态建设重视不够

我国是农业大国,农业的发展对于我国经济的发展和民生大计都很重要。林业发展是农业发展的重要组成部分,而传统的林业发展重点在于森林采伐的经济效益,林业的勘察设计也是根据勘察的结果得出的。这样的林业发展忽视了生态环境的保护,只顾经济增长,长此以往会对周围的生态环境造成不利的影响。而林业的勘察设计是在获得勘察结果后进行,这样一旦出现错误,就不容易进行更改,会造成一错再错的现象。因为有时候实际勘察的情况并不符合勘察的需要,这样进行的勘察设计不仅不会对林业的发展有利,而且还会做无用功,费时费力。

（二）技术和思维陈旧落后

虽然随着经济的发展,科学技术也得到了飞速的发展,但是在林业的勘察设计上并没有得到足够的重视,最新的科技并没有得到推广运用,思维方式还仍旧陈旧迂腐。在林业勘察设计上的文件和技术章程也比较陈旧,已经与当今现代化农业的发展趋势不符合,也不能够更好地为林业的发展服务。林业勘察设计人员的思维方式会直接影响到设计的结果以及林业的发展,思维陈旧,不懂变通会影响林业勘察设计文件的准确性和实用性。

二、新形势下林业勘察设计理念的转变

在现代化农业和科技发展迅速的大环境下,林业勘察设计的改革也是顺应潮流,而改革的首要前提就是要转变林业勘察设计理念。

（一）关注生态服务,实现林业分类经营

随着人们对生态环境的关注度的提高,林业的发展已经不再局限于经济效益,而是更关注于生态效益。改变过去由采伐经济为主的传统理念,转为采育结合、保护种群、维护生态平衡的新理念采伐模式。在新的设计理念下,设计工作的服务群体也有了变化,人们对林业的物质需求也转变为生态需求。新理念下人们的设计理念是以实现林业的生态功能为主,让林业的勘察设计为我国的生态建设和生态平衡服务。当然,新理念关注生态效益并不代表放弃林业的经济效益,而是更加注重生态效益。新理念下林业的发展,可以采取分类经营,把商品林与生态公益林分开设计,既保证

了林业的生态效益,又不放弃经济效益。这样既能整合不同的资源,实现多模式的管理形式,又能实现多元化的经营理念。

（二）熟练运用最新的技术要领,掌握当前法律法规

不管是经济发展还是农业的发展,都离不开相关的章程。林业的发展也要遵从相关的法律法规和章程。从建国以来,国家有关部门就颁布了很多有关林业勘察设计的文件和技术要求,但是很多已经不符合新形势的要求,需要废除。新形势下林业勘察设计不仅要采用最新的科学技术,遵守新的技术要求,摒弃陈旧的技术,而且要掌握最新的法律法规和章程,对旧的法律法规和章程进行清理。比如目前某省颁布了新的环境与经济协调的文件,减少植被的消耗,避免出现水土流失与生物物种多样性的变少的问题。还有就是因地制宜,在植被单一的长江中下游地区颁布了乔木与灌木结合的林业结构模式,实现植被多样化和结构模式多样化,增加植被的覆盖面积,减少水土流失。各地要根据自己的实际情况制定相应的法律法规,制定相应的技术要求和章程,相关的设计人员也要尽快熟悉法规和技术要求,认真学习林业发展的法规法律和技术章程,并积极运用到设计工作当中。

（三）以科技为手段的转变

科学技术是经济发展的重要手段,科学技术的飞速进步能够为经济的快速发展提供技术手段和支持。不管是社会的进步,还是各行各业的发展,都离不开科学技术的支持,林业的发展同样离不开科学技术的发展。然而目前,我国林业的发展受到科学技术的限制,林业的技术研发能力不足,而且发展缓慢。从上个世纪八十年代以来,我国林业的勘察设计技术一直处于比较落后的状态。不管是勘察工具,还是勘察系统都落后于世界其它发达国家。虽然与以往相比,勘察工具和勘查手段都有了很大的进步,但是与现代化林业下的其它国家相比,还有很大的一段差距。所以随着我国科学技术的不断进步,相关设计人员在林业勘察中也要运用新技术,以技术作为手段,改善勘察工具和完善勘察信息系统,做到不断学习,不断进步,适应新的现代化林业发展的形势。

（四）设计理念的转变必须具有一定的深度

在现代林业发展过程中,林业的勘察设计不能单一或者单调,不能只停留在单一层面上,要往深层次的设计方面发展。林业的勘察设计人员要善于运用发散思维,不断学习新的设计理念,把林业设计与当地实际情况结合起来,要与当地的旅游资源、人文与城乡发展相结合,促进当地林业生态环境与经济的协调发展。在设计理念中

融入当地的人文或者旅游因素，促进当地林业的特色发展和其它产业的发展，促进生态发展平衡。

（五）设计理念的转变必须具有一定的广度

森林的覆盖率是林业发展的重要内容，也是生态建设的关键要点。增加森林覆盖率，提高森林覆盖的广度，对于当地林业的经济建设和生态建设都有很大的作用。林业勘察设计人员要提高自身的视野，转换思维，不断创新，充分利用新科技技术，施行不同的栽培技术与园林技术。例如在园林建设、林业栽培、林农间的果蔬种植以及工程造林中，要采用新的技术，实现林业种植的多元化，改变单一的种植与栽培模式，逐步建成生态林业。转变林业设计人员的设计理念还要转变角度，从多角度观察问题，实现林业发展的多元化。因此设计理念的转变一定要有一定的广度，从新角度新视角看问题，促进生态林业的发展。

三、设计理念转变的措施

实现林业勘察设计理念的转变，首先要提高设计人员的综合素质。设计人员的技术素质与创新能力能够直接影响设计结果的正确与否，关系到设计工作能否顺利进行。设计人员不但要有过硬的技术，还要有敏锐的思维能力，能够多角度多思维看问题。设计人员要有创新的精神，敢于摒弃陈旧的思维与模式，大胆创新，结合当地的实际情况，进行设计勘察工作。其次，要在林业资源不受到外界破坏的条件下，加强与其它资源之间的联系性。比如要加强与水资源、人文资源、旅游资源以及生态资源的联系，相互结合相互协调，共同促进生态林业的建设。第三要对林业资源的进行合理利用，不能只追求经济效益或者生态效益，要让生态公益林与商品林设计协调发展。对于经济效益也不能过分追求，一旦森林资源受到大规模的损害，就会难以逆转。最后，林业勘察设计人员要做好现代林业的改革创新工作，运用新技术新思维，从深度和广度上做好新理念的设计工作，推动林业的可持续健康发展。

伴随着经济的发展和现代化进程的不断推进，林业的发展对于生态环境和社会经济的发展都有着不可忽视的作用。林业的发展主要在于增大森林资源的覆盖率，发展林业的经济效益和生态效益。林业的勘察设计工作也是林业发展的重要组成部分，在新的形势下，设计理念也应有所改变。新理念的改变不仅是在范围上，而且在层次上都要体现现代化林业的要求。新理念下的林业勘察设计的主要目的在于平衡林业经济效益与生态效益，不过分追求经济效益，增加生态森林的覆盖率，加大对于生态建设的关注和力度。还需要转变陈旧的思维模式，实现林业的多元化与多样化发展,促进林业生态环境的健康可持续发展,最终促进经济的可持续发展。

第三节　新形势下林业勘察设计理念的转变

本节指出了在经济社会飞速发展的今天,城市化进程加强,林业也随之加快发展。随着有关部门颁发了林业发展规定和最新部署,因此我国林业发展应当根据新的要做出相应的调整和改善,要转变发展理念,转变勘察设计理念,使之更加符合时代发展进程,更加具有新时代的内涵。针对新形势下林业勘察设计理念的转变进行了进一步的地探索和研究,提出了一些相应的对策,以期为有关部门和有关人员提供相应的借鉴和支持,为林业发展起到促进作用。

在新的经济发展形势下,国家出台了许多规章制度,其中很多方面都明确指出要加强对林业勘察设计理念的转变,强化林业的发展作用。因此,有关部门对林业发展给予了高度的重视,根据目前状况以及传统的林业发展趋势以及转变趋势来制定新的林业勘察理念,制定新的设计理念、设计目标、发展目标、发展方式等,以强化林业发展,转变勘察设计理念。在新形势下,我国已经走向了建成小康社会,而实现林业勘察设计理念的转变则是小康社会建设的必不可少的条件之一。相关从业人员必须要充分认识林业发展的重要性,充分认识转变勘察设计理念的重要性,并且在未来的工作当中树立新的理念,转变传统思想,只有这样才能保证林业的稳定的发展,促进社会建设。

一、切实为生态建设服务,实现分类经营

传统的林业勘察思想通常都是先进行勘察,然后根据勘探结果进行实际的设计工作,然而这一过程中许多错误的做法都不能改变,从而造成在一错再错的严重后果。在以往的勘察设计中,由于对于生态建设的关注程度还不够,对于勘察结果的利用也不够充分,最终的设计方案往往不够完备,与实际情况不相符合,这样的勘察设计结果将会造成严重的损失。因此,在勘察设计中需要摒弃传统的观念,做到全方面、多元化的勘察,在设计之前要充分了解地区的基本信息和生态状况,利用科学的技术方法展开合理的设计工作,利用现代化理念进行设计是关键所在。由此可见转变理念是林业建设的重中之重,树立服务性思维,从多个角度进行林业勘察设计工作不仅能够促进新形势下林业的发展,而且能够有效促进现代化建设和社会化建设。

传统的林业勘察工作通常以开发作为工作重点和最终目标,以开发为中心来开

展采伐、建筑、或者种植等工作，然而这种形式的林业发展是不健康、不科学的。近几年来，随着对于生态环境的重视程度不断加深，国家鼓励和支持生态建设，提倡可持续发展，因此林业设计理念也开始进行转变，传统林业以经济效益为主，而新形势下的林业则以生态效益为主，这就是一种理念上的成功转变。此外在林业勘察设计上也实现了相应的转变。当前，林业对于人们来说是必不可少的，人们对于林业的需求也不再是以往的物质需求，而更多的是生态需求。因此在进行林业勘察设计时就更加需要树立生态理念，以生态建设为主，最大程度的显示出林业的生态功能，最大促进林业对于生态建设的作用效果，促进林业对于生态的服务功能。另外，林业发展还应当充分响应"中国梦"的理念，制定相应的管理措施和建设措施，整合有关社会资源和环境资源等。采取科学合理的经营管理模式，实现多元化的林业建设与发展，体现多元化的林业勘察设计理念。

二、熟练运用最新的技术要领和规程，掌握当前林业的相关法律法规

在现代化的今天，经济发展迅速，科学技术发展水平也相对比较高，许多人认为只要进行技术研发，不断提高技术水平，进行科学技术的合理应用就能有效解决一切问题。然而当人们真正处于一个科学技术飞速发展的时代下，许多从前没有出现或者没有意识到的问题都迫切的需要解决。但是许多问题都没有得到足够的重视，人们的思维还停留在传统阶段，没有实现思想观念上的转变。甚至还保留了许多比较陈腐的观念。对此必要进行思想观念上的革新，引进新的观念，树立新的意识，从而更好地进行林业勘察与设计。从整体上来讲，转变思想观念是一种必然的发展趋势，同时也是保证行业可持续发展的关键。在实际勘探过程中必须要充分认识生态环境的作用和状况，考察实际的环境容量，对环境问题进行详细的分析与研究，只有将最根本的环境问题解决，才能更好进行后续的林业建设，保证林业的可持续发展。土地资源、水资源、环境资源、生态破坏程度、水土流失程度等都是在进行林业勘探设计之前所需要全面了解的信息。对于信息的搜集与探究能够有效帮助进行合理的林业勘察设计，并且一个科学的理念同样是需要以实际环境状况为基础的，因此，有关部门和有关人员一定要树立新的思想观念，从而保证林业的健康发展。另一方面还需要进行实施方案、问题解决措施等方面的更新换代，不断提高林业勘察技术，实现技术和思维的有机结合。

目前有关林业勘察设计的文件、规定、制度等有许多，但是大部分的文件都比较陈旧，已经与现代化的发展趋势不相符合，不再能够服务于新形势下的林业状况。对

此，国家林业局、自治区林业厅已经对这些陈旧的、不符合现代规定要求的文件等进行了一系列的清理工作，并且根据新的发展形势和发展要求制定了新的政策法规文件。

特别是近年来国家、自治区先后颁布了关于林业经济与环境保护相协调的文件，这个文件颁布的一个重要的目的就是为了实现林业经济与环境保护的相互协调，保护植被，减少植被破坏，降低植被消耗量，从而减少因植被减少而造成的水土流失等一系列的问题，进而实现对环境的保护，保障林业经济的正常运行与发展。

以喀什地区2015年以来大规模人工营造生态林为例，新营造的树种比较单一，结构相对不合理，虽然面积比较大，但是大多是单一树种造林，没有实现多种林木和多种结构相结合的多元化林业建设。其次种植技术和防护技术比较落后，有关措施和问题解决方案也比较简单，并不能有效解决复杂性问题。许多措施和方案也没有形成一个完备的规定性和条理性。针对以上这些问题，有关林业勘察人员应当充分掌握新形势下的林业的发展趋势，了解当前的新政策规定、技术要求、规定标准等，并且能够熟练运用这些法律法规，以保证林业勘察设计能够按照规定的标准。依照一定的法律章程来开展工作。

三、以科技手段为支撑

在当代，社会科学技术是支撑行业发展的一大关键，可以说，林业的发展同样也需要科学技术的有力支撑。喀什地区林业发展的起步晚、底子薄，发展比较缓慢，有关技术无论是在研发上还是应用上都存在很多方面的不足。在林业勘察上，最开始使用的是斧头、皮尺等基础的工具，随后在发展过程中逐渐开始使用罗盘仪、测高仪等技术设备。到了科技发达的现代，卫星技术、定位技术、遥感技术等都被使用，勘察仪器、勘察技术都实现了很大程度的提高。但与国内先进水平和发达地区相比，喀什地区林业勘察水平还处于比较低的阶段，勘察理念落后，勘察技术不足，并且林业的整体管理以及有关政策也存在一定程度的不合理性和落后性。

目前状况，林业勘察理念的转变正在逐渐发展形成，勘察技术和设备都在进行进一步的研发，为林业勘察带来了新的活力。对此，林业勘察人员就应当更加重视科学技术的重要作用，不断提高个人能力，提高对科学技术的认识和应用，运用新的理念，研发新的技术，从而在新形势下引领林业勘察的健康发展。

四、勘察设计理念必须具有一定的深度

新形势下林业的勘察设计理念并不能够停留在单一的层面，还需要朝着更加深

入的层次发展,使其具有深度。林业勘察设计人员在设计过程当中就需要具有发散性思维,学习新的设计理念,注意林业设计与地区旅游资源、人文景观、城乡发展等有效结合,促进生态环境和当地文化的有机融合,从而建立地方生态特色、文化特色等。这样的设计方式符合现代化的发展观念,符合科学的发展模式,不仅可以促进林业的特色发展、可持续发展,同时还可以将林业发展与生态和其他行业有效的联系起来,形成联合发展和规模发展。由此可见,林业勘察设计的深度性是尤其重要的。

首先,林业勘察设计人员要根据地区的实际情况来进行真实的勘察设计,保持多元化的思维方式和思想理念,大胆开展设计工作。其次,要在保证森林资源不受外界破坏的同时加强与其他各类资源的联系性,保证科学发展。第三,对于森林资源要合理的应用,不能过分追求经济效益,不能使森林资源受到大的不可逆的损失,同时也要保证森林资源不会遭受到非法毁坏。从整体的角度来讲,林业勘察设计人员需要做好的就是现代化的林业改革工作,运用先进理念来研究林业深度建设的问题,从更深的层次做好森林资源的合理应用,推进林业的健康可持续发展。

在新形势下,林业的建设与发展对于经济、环境以及社会都发挥着不可或缺的作用,林业勘察设计应当充分重视其生态功能和社会功能,保证林业的健康发展和可持续发展。因此转变发展理念,树立先进思想是尤其重要的。在现代化的林业发展过程中,需要以科学技术为基础,以先进的理念为前提,以法律、法规为保证,从而使得林业发展实现多元化,并且使其作用效果得到最大的发挥。

第九章 林业生态建设的基本理论

第一节 林政资源与林业生态建设

　　针对现阶段我国林业生态建设和林政资源管理中存在的问题,例如有关法律法规没有得到有效普及、林政资源管理体系不完善、缺乏充足资金等等,进行多角度的分析,并简单介绍了加强林业生态建设和林政资源管理力度的重要价值,提出强化林业生态建设与林政资源管理水平的有效措施,希望可以给有关人员提供一定的借鉴与帮助。

　　林业作为生态系统中的核心组成部分,能够有效维持生态系统的稳定性与平衡性,林政资源管理,主要指的是林业管理单位在实际工作之中,按照国家相关法律法规所开展的一系列工作。通过做好林政资源管理工作,可以保证林业生态建设水平得到显著提升,为广大人民群众提供一个更加舒适、健康的生活环境。鉴于此,本节重点探讨林业生态建设和林政资源管理要点。

一、现阶段我国林业生态建设和林政资源管理中存在的问题

　　有关法律法规没有得到有效普及。因为林业生态建设宣传效果比较差,一些偏远地区的居民对生态保护和林业生态建设工作缺乏全面了解,使得该地区的林业生态建设水平不断下降。森林法得不到有效的普及,部分地区的居民为了自身经济利益,经常做出违规违法行为。另外,结合林政资源管理人员的工作现状得知,由于其执法不够严格,对违法违规行为没有进行严厉惩罚,不断降低林政资源管理质量。

　　林政资源管理体系不完善。由于我国有关部门越来越重视环境保护工作,林政资源管理水平得到提升,但是,部分地区的林政资源管理体系仍然存在很多欠缺,需要相关人员进行大力的完善。因为林政资源管理体系不完善,部分地区的荒漠化问题越来越严重,影响区域经济的稳步发展。

　　缺乏充足资金。当前阶段,我国大部分地区存在水土流失问题,为了保证此问题得到良好解决,要求林业生态部门适当加大林政资源管理力度,国家相关部门还要投入大量资金。但是,因为林业生态建设区域数量比较多,资金需求量特别大,再加

上林业生态建设工作具有长期性特点，需要投入大量资金，无法在短时间内获得回报，经常出现资金匮乏问题。

二、强化林业生态建设与林政资源管理水平的有效措施

有效普及相关法律法规，促进林业生态建设与林政资源管理工作的成功开展。

（1）林政资源管理机构不但要加强林业生态建设力度，而且要做好相应的宣传教育工作，适当加大有关法律法规的普及力度，让该地区的居民能够更好的认识到加强林政资源管理力度的重要性，强化该地区的林业生态建设水平。从居民角度来分析，要全面了解有关法律法规，提高自身的法律意识，禁止破坏林业资源，保证该地区的林业生态建设质量得到提高，促进林政资源管理工作的有序进行。

（2）林政资源管理人员要认真落实各项法律法规，一旦发现林业生态建设破坏行为，要进行严厉的惩罚，并对违法人员进行批评教育，严重的还要进行拘留。

除此之外，国家相关部门还要对林政资源管理法律法规进行完善，进而保证林政资源管理体系得到有效落实。现阶段，我国针对林地与林权等工作出台了很多法律法规政策，例如《中华人民共和国森林法》与《中华人民共和国野生动物保护法》等等，林政资源管理人员要积极响应国家号召，认真而全面的落实各项法律法规，有效提升林政资源管理质量。

完善林政资源管理体系，保证林业生态建设水平得到显著提升。

为了保证林政资源管理效果得到明显提高，要求管理人员对既有的林政资源管理机制进行优化，加强动态化管理力度，并做好相应的审批工作，促进我国林业生态管理朝着智能化、可持续化方向发展。在林政资源管理工作当中，管理人员要规范自身行为，运用新型管理方法，在强化林政资源管理质量的同时，提高林业生态建设水平。比如，在林业生态区域，可以安装一定数量的监控装置，通过在各个监控点，安装适量的传感器装置，并采用无人机进行巡视，利用监控装置与传感器装置，对林业生态环境进行全方位监控，保证林业生态区域更加安全。

若林业生态区域出现火情，林政资源管理者可采用监控装置进行有效监控，一旦发现火情，该监控装置能够立即发出警报，管理人员及时采用相应的措施进行灭火。无人机技术的合理运用，可以对林业生态区域进行全面巡查，防止违法违规行为的出现，保证林政资源管理质量与效率得到双重提升。在一些重点的林业保护区域，管理人员可以安装红外感应装置，该装置能够感应到大型动物的接近，并及时发出警报信号，将大型动物驱赶，显著提升林业生态建设水平。

由于社会经济的飞速发展与不断进步，各种类型的建设项目越来越多，使得森林

资源保护和开发之间的矛盾越来越大,为了保证林政资源管理质量,要求相关部门妥善处理两者之间的矛盾。针对我国当前森林资源管理中存在的问题,对既有的林政管理机制进行大力完善,真正达到提高林业生态建设水平的目标。对于政府相关部门来讲,要根据生态林业建设和林政资源管理体系的实施情况,给予良好的政策支持,提高林政资源管理水平的同时,保证生态林业建设工作成功进行。林政资源管理部门还要构建专业的执法队伍,提高林政资源管理人员的专业技能。

加大资金投入力度,提高林业生态建设和林政资源管理质量。

通过对林政资源管理思路进行创新,可以保证林政资源管理机制得到全面的落实,进而提高生态林业建设质量。政府有关部门要林政资源管理工作有一个清晰的认知,并将林业资源分为多个类别,有针对性的进行管理,林业资源主要分为可再生树木、商品树木。不可再生树木与公益林等等,保证林业资源得到高效利用。对于林政资源管理人员来说,要有效转变自身的管理思路,由原来的静态管理理念变为动态管理理念,并结合现阶段林业资源管理工作中遇到的难题,制定出合理的管理方案,一旦林业资源出现变化,管理人员要改进既有的管理方法。

林业生态建设与林政资源管理人员要具备良好的专业素质,进而保证林政资源管理工作有序进行。所以,国家有关部门要根据林政资源管理者的实际工作情况,进行科学培训,并定期组织相应的培训活动,让林政资源管理人员更好的认识到自身工作重要性。林政资源管理部门还要制定合理的奖励政策,提高管理人员的工作积极性。为了保证林政资源管理机制的重要作用得到更好发挥,要求管理人员全身心的投入到日常管理工作之中,找到林政资源管理工作中遇到的问题,制定出有效的解决措施。

林政资源管理人员要运用先进的网络信息技术与遥感技术,对林政资源进行科学管理,并制定出合理的决策,适当加大行政审批力度。政府相关部门还要适当扩大林政资源投资渠道,给予林政资源管理工作良好的资金支持,保证各项先进的林政资源管理设备得到高效运用。通过适当加大资金投入力度,林政资源管理部门可引进新型的管理设备,并加强林政资源动态管理力度,认真而全面的落实林政资源管理措施,在提高生态林业建设质量的同时,为广大居民提供一个优美、温馨的生活环境。

综上,通过对强化林业生态建设与林政资源管理水平的有效措施进行有效化的分析,例如强化林业生态建设与林政资源管理水平的有效措施、完善林政资源管理体系,保证林业生态建设水平得到显著提升、加大资金投入力度,提高林业生态建和林政资源管理质量等等,可以保证林业生态建设质量得到显著提高,提升林政资源管理效率。

第二节 林业生态建设与林业产业发展

随着我国经济的不断发展,人们对木材的需求在逐渐的增加,那么就需要林业也不断提供其大量的木材,而针对林业这一生长的特点,其砍伐的速度要远远大于其自身增长的速度,因此就会造成生态环境的破坏。那么要解决这一问题,就需要不断地丰富我国的林业资源,加大生态建设的力度,进而在一定程度上促进了生态环境的平衡。

一、我国林业生态建设的现状

我国是林木产品生产大国,对森林资源的需求非常大,而且随着经济的发展需要,两者相加之下直接造成了对森林资源乱砍滥伐的局面,因此为了实现可持续发展的生态理念,必须发展林业生态环境建设。针对林业生态建设来说,通常涉及技术,管理以及制度等三个方面,其技术方面就是在进行林业生态建设上没有的专项技术,往往最后的建设结果达不到标准要求,其管理方面就表现在对林业生态建设上的不重视,缺乏监管,最主要的是没有设立独立的林建部门,另外还缺乏有力完善的林业生态建设相关的规章制度。其主要原因就是某些地方政府部门只注重林业生产所带来的经济效益以及能够获得的政绩,从而导致林业生态建设受到多方面的限制,主要包括资金,环境以及人力资源等,现在许多地方由于对林业资源过度的采伐,导致生态环境遭到很大的破坏,几乎变成了一个"死地",从另一个角度来看,也很难吸引到资金来此投资,相应的也就阻碍了当地人民的经济发展,另外在管理上一些地方政府官员完全没有按照规章制度办事,只是凭借自己多年的"经验",在处理某些问题时难免会出现纰漏,总之我国的林业生态建设的效果很不理想,对林业生产发展也产生了很深远的影响。

二、林业生态建设与林业产业发展的关系

林业生态建设与林业产业发展之间既存在一定的矛盾,进行相互的制约,但是在另一种程度上又是相互促进的,因此在进行林业的建设中,应该充分利用两者之间的关系,将生态效益与经济效益有机地结合起来,进而起到统筹兼顾的目的。林业生态建设与林业产业发展的具体关系主要体现在以下几个方面。

林业生态建设与林业产业发展之间具有依存和相互促进的关系。对于林业生态

建设与林业产业发展来讲,二者之间共同的主体都是森林资源,如果林业产业想得到更好的发展,那么其前提就是有十分丰富的森林资源,而对于林业生态建设来讲,其主要目的就是促进森林中植被的绿化的覆盖范围,因此两者之间最终的目的可以说是大致相同的,相互依存的。除此之外,林业生态建设与林业产业的发展之间又是起着相互促进的目的的,首先如果我国的森林资源遭到破坏,那么就会随之引来各种问题和灾害,如水土流失、土地沙漠化等,进而使生态环境遭到严重的破坏,那么由于森林的减少,就会使林业的发展失去其发展的基础,进而给林业发展带来十分不利的影响。那么,如果人类在进行林业产业的开发时能够树立林业生态建设的意识,对林业资源进行有效的防护和补偿,在促进林业生态建设的同时,也为林业的可持续发展奠定了一定的基础,进而也会为林业发展带来更大的利益。其次,林业的发展对林业生态建设也具有一定的促进作用,因为林业是以森林资源为前提的,如果林业资源发展得较好,那么就证明了其相应的植被保护得很好,进而在一定程度上也促进了林业生态的建设。

林业生态建设与林业产业发展之间也存在着一定的矛盾。对于林业产业来讲,其更加注重的是所带来的经济效益,而对生态保护并没有放在很重要的位置,而对于林业生态建设来讲,其主要是基于保护生态环境,建立良好的绿色植被为主要目的,主要强调的是生态效益和社会效益。而对于森林资源来讲,林业生态建设与林业产业发展所各自追求的目的是相互矛盾的,如果想追求经济效益,那么必然会造成一定程度上的生态破坏,而如果想追求生态效益和社会效益,就会要求将对森林资源的开发降低到最小,那么就不会满足林业产业的快速发展,因此两者之间具有本质上的区别。在获取利益的主体上来看。林业产业中,所获得的利益是直接的、可见的,由相关的劳动者可以直接获得其经济效益,而对于林业生态建设来讲,其本身是一个十分长久的、不断积累的过程,其所带来的利益是很长远的和潜在的,因此其相关的劳动者是不能够直接获得与感觉出来的。

三、推动林业产业与生态建设和谐发展的建议

加大林业科技的推广力度。科技是可持续发展发展的根本,通过科技才能发展林业产业。因此,林业生产要倡导"科技兴林"理念,改变以往以自然资源及环境为代价的传统粗放式经济发展模式,建立以科技为核心、市场为导向、企业为主体、效益为目的的林业科技创新体系,借助科学的管理模式提高生产效率,促进林业的可持续发展。如"数字林业"的开发与运行就是其中有效的途径之一,借助先进的科技信息系统,使得林业的生产经营更加公开、透明、科学、精确,同时通过数据的科学采

录与分析，有效避免了不必要的损失，也更直观地分析了林木的生产态势，促进有助于林业生产的现代化发展。

深化林业产权制度的改革。林业产权制度是林业生产关系的核心，是各项林业政策的基石。经过数十年的发展，我国逐渐完善了林业产权制度，但林业产权制度仍旧不够科学规范。因此，在确保国家和集体的所有权不改变的前提下，应准确把握制度改革试点的机会，适时推进林业产权制度改革，分离林地或宜林地的所有权与使用权，将使用权分配给一些更善于经营的主体，建立起投资者、经营者、管理者多元化，责权利相统一的新机制。同时，给予林权人合法权益，并发放林权证，使得林权人发挥主人翁地位作用，从而调动护林造林的积极性，为林业制度改革提供助力。

综上所述，我国的森林资源对人们生活的影响真的是非常巨大，其在一定程度上决定着生活用水的质量，且会影响到社会的经济发展，一个协调统一的林业区域是非常值得建设的，其所产生的价值也是不可估量的。因此，我国的生态林业发展前景一定时非常广阔的，且会实现林业与社会的可持续发展，让社会效益得到极大的改善。

四、促进林业生态建设与林业产业发展应该具备的正确观念

贯彻落实以人为本发展观。在林业生产发展过程中，要有针对性地结合生态和自然条件，进一步有效增加资源，改善生态环境，从根本上满足全社会人们对于物质、文化、生产等一系列对于林业生产的内在需求。密切关注在林业生产过程中，从根本上解决当地林农生产经营权上的收入问题和与之息息相关的切身利益。有效拓展广大林业干部和基层职工的收入来源，改善其生活质量，让他们的收入有所提高，进一步优化和完善林区生产和生活条件。

张掖地区自然生态条件相对艰苦，林场建设条件有限，针对这种情况，需要切实解决贫困林场、森工企业和自然保护区等相关地区贫困职工的脱贫问题，加强基础设施建设，提升各个地区林业建设质量和水平。使广大林场基层职工都能依靠自身的艰苦奋斗和自力更生，真正意义上步入到小康社会行列。

贯彻落实留给后人生存发展权的道德观。在林业生产发展和生态建设过程中，牢固坚持和贯彻落实给后人生存发展权的道德观，不能为了自身发展，造成资源的枯竭，让后代失去了生存发展的空间。当代人在拥有森林资源和开发资源的同时，也要对森林资源进行切实有效地保护，并在此基础上，进一步生产和发展新的森林资源，为后人生存和发展提供更好的资源基础，打造出更健康的生态环境。

坚持和践行人与自然和谐相处的价值观。为了从根本上有效确保人类能够长久

生存和科学发展，就必须进一步突破人与自然相互冲突的模式，最大程度上走向人与自然和谐相处的可持续发展之路。在研发和开拓林业进过程中，不管是在育林、造林，还是在采伐等方面，都要遵守自然规律，坚持适地适树原则，进一步恢复森林植被，最大程度降低农民的损耗，倡导人与自然互相融合、共存共荣。

五、林业经济建设向林业生态建设为主的转变

着重处理好生态建设和木材加工的关系。针对张掖地区来说，要切实有效地处理好木材加工和改善林业生态环境之间的内在联系，准确把握好当前林业发展的主要矛盾。从根本上来讲，当前生态建设和木材加工工业所产生的矛盾，最主要体现在天然林保护方面。天然林资源是当前整个森林资源中对生态建设起最重要作用的关键因素，如果不能切实有效地保护天然林，后果不堪设想。因此，在张掖地区必须要贯彻落实保护天然林政策，把天然林保护作为实现林业快速发展的重要工程。

针对这样的情况，在木材加工产业中，需要切实有效地充分利用人工林木材，提高人工林木料加工生产效率，进一步进行精细化管理，从管理中要效益。对于木材加工工业，要以天然林保护为前提，以这个前提为基准，在高效利用人工林木材上取得重大突破，实现木材工业由原材料从天然林获取到人工林获取的战略转变。

在具体林业发展过程中，针对采伐天然林为主的发展方式，逐渐转变为以生态建设为主，以采伐人工林方式为主，真正满足社会各个方面对于林业产品的内在需求，有效改善生态环境，保障国土生态安全。

切实有效发展林果产业。甘肃张掖市在林业发展过程中，正出现一个历史性的转变，即以林业生产为主进一步转变成以生态建设为主，大力打造林木和林果产业，形成一个可持续发展的产业链结构。在发展社会主义市场经济的前提下，使林业生产方式转变成以生态建设为主，积极适应市场变化和当前市场环境。有针对性地找准林果产业市场定位，这样才是一条真正意义上的可持续发展之路，要从根本上推进这样的模式，使其进一步拓展和深化。这就需要在战略步骤方面，有针对性地结合各地区的林果生产需要和生态功能，划分林果生态功能区，利用不同的措施，培育不同类型的林果资源。

沙丘植被梭梭苗下种植肉苁蓉产业。张掖地区的生态建设要有针对性地培育富有当地特色和适合该区域生长的林业资源，结合当地实际情况，在沙丘植被梭梭苗下种植梭梭苗、肉苁蓉等。这类植物主要生于荒漠草原及荒漠区沙质地、砾石地或丘陵地，当前这类植物资源较少，品种稀，且具有药用价值。但近年来大量滥采乱挖，致使野生肉苁蓉资源等濒临枯竭，基本上不具备提供大量商品药材的能力。

为了最大程度上有效满足市场需求，需要切实有效地进行人工种植肉苁蓉试验研究工作，建立肉苁蓉种植基地，逐步进入正常生产期。根据不同市场需求，按照不同职能进行分类种植经营，尽可能用比较少的局部林业资源换取整体经济效益和生态效益。

构建起科学合理生态建设机制。针对性地结合当前的林业生态市场内在需求，进一步推进和拓展生态林业建设资本化和货币化模式，推出更适合市场需求的相关林业资源。在生产和消费林业资源过程中，充分考虑到自然资源和环境的对应关系，计入成本核算体系，进行更合理地投入和产出精算。在产品和服务价格方面，要考虑到环境成本，其中包括相对应的资源开采和获取成本。另外，也包括所谓的当代人占用后代人资源的"用户成本"。最大程度上推进林业产业发展，也可在产业发展基础上，不断调整产业结构，使林业生态得到更好地保护和发展，达到提升生态经济效益的目标。

当前对林业发展的生态需求，已成为社会对林业的主要需求，生态建设是当今林业发展的首要任务。在这样的背景下，我国当前林业生态建设现状和存在的问题比较突出。在本节中，有针对性地结合甘肃张掖地区林业产业发展实际，可以看出该地区在林业发展和林业生态建设方面优势十分明显。

以张掖地区为例，着重分析和探究林业生态建设与林业产业发展路径，进一步深入细致地在认识森林生态系统及其内在运动规律过程中，切实有效地运用相关技术手段，从根本上优化和完善该地区森林资源，有效促进林业发展和林业生态建设的有机融合，进一步有效转化森林潜在生产力，使其成为现实生产力，让人与自然和谐相处，实现生态效益、经济效益和社会效益的多赢局面。

第三节 林业生态建设中的树种选择

林业生态工程建设不仅能满足可持续发展的要求，而且能够提升社会效益、经济效益及生态效益，是改善生态环境的重要内容。因此在经济建设过程中应兼顾林业生态的建设工作，提升其利用价值。文章针对林业生态建设中树种的选择进行重点探讨，并对提高造林质量提出了几点建议，从林业建设的基础方面入手解决实际树种选择及栽培中的问题，以促进林业生态建设的顺利开展。

在林业生态建设中，树种选择和栽植技术对林业建设质量具有直接影响。只有保证树种选择合理，适应林区生长条件才能保证树种长势完好，同时，树种之间的合理搭配对营造良好的森林生态环境具有重要意义。森林生态建设需要同时满足物种多样性和空间环境的需求,为此,在进行林业建设时,对树种的选择需要给予足够的重视。文中就围绕林业生态建设的相关问题展开分析,对林业生态建设中的树种选择问题进行探讨,希望从根本上提高林业生态建设的质量。

一、林业生态所具有的生态意义

水土流失会引发干旱、沙尘暴和洪涝等自然灾害,对生存环境带来严重影响。要想达到改善生态环境,就必须开展退耕还林活动,营造良好的林业生态环境,增加森林覆盖率,从根本上减少水土流失发生的概率。林业生态的建设还可以在一定程度上起到调整农村产业结构的重要作用,改变农业原有的运行模式。同时,林业产业的大力发展还可以为社会生产活动提供充足的能源,农民参与到林业生产活动中,不仅能够增加一定的经济收入,还能有效提升地方经济的发展进程。在林业建设活动不断深入的基础上,农民的主要收入来源不再局限于农业生产,还可以通过林业建设的有效开展收获部分干果和牧草,这对加工行业的发展也提供了一定的原料支持。

二、林业生态建设中树种选择的原则

根据土地选择树木和根据树木选择土地。在土壤和树种没有特定要求的情况下,既可以根据土壤条件和气候环境选择合适的树种,又可以根据林业生产的实际需求选择适当的区域来进行造林。主要目的就是让树种与土地相适应,进而保证树木的健康生长,确保森林生态环境的有效构建;林业建设中在对树种具有一定要求的情况下,可以通过改地适树的方式进行造林,既根据特定树种的生长特性,对栽植区域的土壤进行人为干预,通过换土或者施肥的方式进行土壤改良,确保经过处理之后的土壤能够适应树种的生长要求,提供树种发育所需的营养成分;而在特定的区域需要进行树种栽植时,在树种与土壤条件不相适应的情况下,也可以采用人工干预的方式对树种进行改良,以便于适合栽植区域的环境,从而保证树木的健康生长。

乔灌草相结合原则。林业生态建设除了要关注树种的多样性之外,还需要保证生物多样性,即动物和昆虫多样性,这对于维系生态系统平衡具有重要的意义。为此,在进行树种选择时,需要根据树种的实际生长特性,做好树种的配置,确保树种之间能够起到促进生长的作用,同时,还能为动物和昆虫营造良好的生存环境,以便于达到林业生态物种多样性的需求。在林业生态建设的过程中,最常采用的树种搭配方式为乔灌草相结合的方式,这些树种的合理搭配不仅有层次感,而且还能在一定程度上提升森林的光照和通风性能,同时,树种的合理布局,还能保证每个树种都能获得充足的生长空间。森林中,草本植物的大量覆盖既能降低水土流失的概率,又能起到改善生态环境的作用,对降低空气污染和环境污染具有积极的作用。

三、林业生态建设中树种的科学选择策略

加强对地区气候环境条件的分析。林业生态建设中树种选择除了要考虑土壤条件之外,还需要考虑到区域内的气候环境,不同树种的生长特性不同,自身生长所适应的气候环境也存在一定的差异。在开展林业生态建设之前,需要先对造林区域的土壤条件和气候环境进行充分了解,之后制定对应的树种选择计划。树种选择的主要操作方式为,在对栽植区域的土壤成分进行全面检测之后,对以往的气候变化情况进行分析,为了保证分析数据的准确性可以寻求气象部门的帮助。对林区的光照情况、温度、降水分布情况以及土壤成分等资料进行全面了解之后,选择适应当地气候环境和条件的树种,只有这样才能保证树种的长势。树种选择的科学性与林业生态建设的质量是相互关联的,为此,相关人员需要对树种选择环节给予足够的重视,保证林业生态建设的有序开展。

要注意生态效益与经济效益的协调。首先要考虑生态,对经济林进行相应的规划,针对经济林树种来进行林业建设,找出合适的种植方式,使林业的经济和生态效益都能得到有效发挥。可以应用以下模式,林草穿插种植、林花穿插种植、先密种再疏种等。此外,为避免林业生态建设过程中因盲目追求经济效益而不合理选种种植,造成生态影响的情况发生,林业部门也应充分发挥自身作用,做好林业建设中生态效益与经济效益的协调,保证林业生态建设的顺利进行。

合理进行商品林树种的选择。应确保所选树种具有相应的稳定性,要能够有效抵抗地区间歇性的自然灾害,要实现相应的稳定性这一目标,可通过对不同立地条件下树种的立地指数与平均材积生长量两项指标的分析,来作为合理选种的依据,例如在相对干旱的地区,可选取抗旱性能较好、速生丰产、抗逆性强的一些杨树品种如赤峰杨、小黑杨、哲林4号杨等,并可适当进行混交造林,发挥不同树种的优势特点,提高用材林的经济与生态价值。

四、提升林业生态建设造林质量的途径

林业生态造林的松土除草。松土工作需要对地表板结土壤进行处理,从而提升土壤表层面的通气性。松土工作贯穿在造林各个环节中,在造林初期应配合幼林的管理工作,针对不同的树种及季节气候特点进行松土,以满足树种对土壤的需求。再有就是需要对林间杂草进行及时清除,这项工作需要结合杂草的生长规律,在不

破坏幼树生长的情况下，选择合适的时期进行杂草清除工作，从而保证树种的养分需求。

林业生态造林的苗木灌溉。一般情况下树种苗木灌溉工作需要在栽植完成后立即进行，而且需要保证灌溉到土壤深层。后续的苗木管理还应结合当地气候做好抗旱准备，抗旱灌溉需要根据干旱特点、土壤特点及树龄大小采取针对性的措施，以便适应各种树种生长所需。对于冬季的灌溉应当结合除草及修剪工作，使苗木生长地土壤水分维持在成长范围，并提升苗木抗冻及抗低温的能力。

林业生态工程的造林整地。造林整地工作首先应进行林地的坡度改造，合理的坡度能够提升栽培效果并减少水土流失。其次需要保证土地的地面平整，没有大块的碎石及硬结的土块，保证土壤疏松。最后应结合当地的物种情况，尽量保留原生植被，满足物种的多样性需求，从而促进生态林的建设。

在环境问题越来越突出的情况下，林业生态建设的重要性也越来越明显，在对环境问题进行全面分析之后可以发现，对环境问题带来严重影响的主要因素为森林覆盖率大量降低，引发严重的水土流失问题。由此可见，林业生态建设的重要性。为了保证林业生态建设的顺利开展，需要保证对栽植树种的科学选择，只有保证树种与栽植区域的土壤条件和气候环境相适应才能保证树木的健康生长，进而营造良好的生态环境。

第四节　林业生态建设绿色保障研究

近年来，环境污染、生态环境破坏问题日益严重。在这种情况下，国家提高了环境保护意识，加快了林业生态建设步伐。对林业生态建设提出了针对性的具体决策，推动林业生态建设的积极发展，为建设广泛的绿色屏障提供帮助。

通过大量分析林业生态建设方面的内容，应首先明白生态建设是何意。在原有的被破坏的生态系统中，需要对此进行修复乃至重新建设，或者依据生态学原理，人为设计并建立富有人文特色的新生态系统。在此过程中重要的一条是利用自然规律中关于完全生态系统的部分，有力结合自然和个人，致力于和谐统一、高效率目标的完成，环境、社会效益和经济方面也要全面发展。通过分析林业生态建设发展过程中得出结论有：预期标准中的建设工作的落实还未达到，实现林业生态建设目标也未完成。针对现有林业生态建设的情况，相关部门专业分析了一系列建设问题，提出问题的解决方案，加快林业生态建设方面水平和提高林业生态建设的发展。

一、林业生态空间合理分配

在林业生态建设阶段,林业生态建设并非种植大量树木,倘若以为种植树木等同于林业生态建设,此类想法极其片面且非常不合理。正确的做法是行动方面的落实,所以若想将林业生态建设工作顺利完成,要在整个过程中思想端正,从而将林业空间合理利用。林业生态建设进行阶段,林业植被结构和生物的多样性需要被注意,从而使种植林业树木的数量大幅增加,与此同时做到种植种类方面的丰富,不浪费土地,使土地资源合理利用。同时,在进行林业生态建设期间,还应该注重因地制宜,结合当地区域位置、水资源情况等进行林业生态建设。在这样的情况下,才能确保林业生态建设的合理性,保证林业建设工作能够发挥真正的作用。

二、适当提高林业生态建设资金投入

林业生态建设作为一项非常庞大的工程,在开展建设工作阶段,需要大量资金,所以只能在保证后续资金充裕的情况下,才能促进林业生态建设工作的完成。为确保充足的资金,在建设工作阶段中应该加大资金投入的比例。

三、加速改革林业分类经营速度

在开展林业生态建设工作阶段,林业分类加速经营改革极其重要。经由类别差异可将林业分为公益林和商品林,从而加快分类治理工作的完成。在管理公益林阶段,林业补助需有效适当提高,在"十二五"阶段中,我国补助公益林提高到了每年300元/hm2以上。在此基础上,补助应依据土地类型进行,从而顺利接轨当地林业土地租金收入以及产权的补偿。在管理相关商业林的期间,理应利用具有抚育性的采伐管理政策。换言之,在进行砍伐林木阶段,严禁对树木毫无目的随意砍伐,如若大量树木被一次性砍伐,新树苗与初育树苗衔接不畅的情形就会时常出现。根据此现象,在砍伐树木阶段中,应严格控制数目数量,以基本经济收益为基础保证尽可能砍伐少量树木。与此同时,在每棵树木被砍伐过后,新的一棵树苗需要被及时种植,通过此种方法尽可能来实现林业层面的可持续发展,确保林业生态建设长期有效。

四、"三防"体系中,严格注意预防虫害,预防火灾,谨防违法

在构建防火体系阶段,要将预防火灾的责任时刻牢记,将林业防火管理机制严格完善。同一时间,高素质的防火小队也应及时组建,倘若树林里发生火灾,就有能力及时扑灭,同时能够落实到该火灾事件主要相关责任人员,并且承担该事件应当承担的责任。在构建预防病虫害体系阶段,尽早发现、尽早预防治理的原则必须长期坚

持,改变遇灾才救的类似被动救灾行动,人为主动操控,并且要使预防全方位开展,通过此类方法减少病虫害在林业生态建设过程中造成的危害。在建设林业生态阶段,或许林业资源会被一些违法分子毁坏,在这类情形下,应严厉惩罚对林业资源进行浪费的违法分子,同时在监管防治森林上,要组织工作人员进行工作,惩罚所有破坏林业资源的违法分子,绝不姑息原谅,通过此种办法尽全力确保林业资源的安全性。而且在开展林业生态建设工作阶段,被一些外部因素影响时,在考虑自然天气的前提下,严格构建林业"三防",这是一项至关重要的因素。

总之,在我国发展阶段,林业生态在建设方面应选取系列有效的措施来建设林业生态,这样可以及时解决建设中存在的诸多困难,进而使建设林业生态的质量得以维护,保护国家生态环境安然顺利进行。

第五节　林业生态建设中农民的主体性

指出了在农村发展中林业生态建设具有举足轻重的地位,但实际中农民主体性在林业生态建设中没有得到充分重视,这对于具体建设活动中农民积极性、主动性发挥是很不利的,也会在很大程度上影响林业生态建设成效。基于此,提出了在林业生态建设中,应对农民主体性形成充分认识,采取有效措施充分发挥其主体性,为林业生态建设提供保障。

在推动生产力进步过程中,农民群众的积极性和活跃性是其他主体无法比拟的。为推动社会主义新农村建设的顺利开展,应将农村群体主体作用充分激发出来。具体林业生态建设中,应当对农民的重要性形成深刻认识,并将农民作为建设活动的主角,让农民在林业生态建设决策中充分发挥自身的智慧。对于国家整体林业生态建设,充分培养和发挥农民主体性具有重要意义。为调动农民的创造性和积极性,应对农民的意愿和需求进行深入分析和研究,以期健康、持续推动林业生态建设。

一、农民主体性研究现状

主体性内涵。人要想确立自身主体地位,就需要从现实中认识世界和改造世界。多数学者定义农民主体性为:为满足自身需求,基于自身主体地位,有意识地进行生产活动,并分享相应劳动成果。同时在社会事务管理和生产活动中以主人公身份积极参与,以平等享受经济、社会、文化、政治权利。与活动客体特征不同,人的主体性指的是人们对对象化活动和关系进行科学处理,其具有更加明显的创造性、自主性、自为性。

现阶段农民主体性的特征。前主体性、主体性、趋于共同性是农民主体性发展会经历的几个方面，当前我国农民主要处于主体性阶段。农民主体性缺失的问题在我国广泛存在，农民缺乏强烈的政治承担意识、主体意识、文化自觉意识，经济参与意识不强，这些都会影响林业生态建设的有序开展。

农民自主性缺失。具有较强主体性的农民通常能够按照自身意愿和需求，对劳动对象进行自主支配，并进行劳动方式的规划和选择，自主安排劳动生产活动，自主进行自我管理。但在民族心理层面，我国古代内省型价值取向和思维方式，对国民主体性张扬产生严重束缚。在封建思想的影响下，一种深层文化价值在农民群体中形成-强大而沉重的日常生活结构。农民组织生活和生产活动的依据完全是传统、生活习惯、社会经验等，封闭性、自在性、非历史性、自然性在活动主体中非常浓厚。在处于承受和被动顺从、缺乏主体地位的情况下，农村难以形成正常形态的政治生活，对于重大事件的知情权、决策权、参与权农民也无法真正享受。

农民自为性缺失。具有自为性农民在林业生态建设过程中目的性、科学性更强，从林业生态建设客观规律出发，在行动中充分贯穿自主意识，并从自身发展需要和能力出发，推动林业生态建设中自身价值的实现。作为林业生态建设的主体，农民的智慧和力量是无穷的，但由于发挥主体能力平台的缺失，无法深刻思考关乎自身长远利益的基础设施建设的投资投劳，存在严重的群体意识，难以形成强烈的客体的改造动力和实践能力，也无法充分解放自身思想。

农民创造性缺失。具有主体创造性的农民可将自身的创业意识、创造性劳动、创新精神充分融入到林业生态建设中，并不断实现自身价值和社会价值。当前对于林业生态建设的重要意义，很多农民还没有形成深刻认识，完全有政府部门主导相关行动，在林业生态建设中无法有效实现自身的需求和意愿，这在很大程度上抑制了农民的创造性和激情的释放。

二、农民主体性缺失的原因

历史原因。首先，农民主体性形成过程中受到传统生产模式的阻碍，自然经济条件下人们多具有以平均主义为基础的自给自足观念；而狭小规模的自然经济让人们难以形成较高水平的认识，进而使人们思维具有直观性、经验性、不系统性特征。其次，我国传统文化是在自给自足小农经济基础上发展起来的，而小农经济具有轻利益重义理、宗族至上的特点，这种传统家族本节宗法思想对我国农民的影响是非常深刻的。我国农民以家族形式从事各项行为，其缺乏培养自身主体性的意识。同时农民在社会发展过程中，作为一个"理性人"经常出现搭便车的现象。再次，农民主体地位被传统政治制度无情剥夺,造成其主体性被囚禁。

现实原因:

认识方面的因素。农民主体地位在林业生态建设中没得到充分尊重,地方决策者没有充分保障农民的知情权、决策权及参与权,对他们缺乏信任。同时,农民没有充分认识到自身主体地位,对于他们来说政府是林业生态建设的责任主体,知情权、决策权、参与权就慢慢放弃,存在"等、靠、要"思想。

经济障碍。我国农村经济相对落后,农民在社会、知识、资金等方面对外界依赖性较强,农民主体性形成受到经济的严重制约。只有林业生态建设真正给农民带去实惠,才能够将其积极性充分激发出来,其主体性才能够实现。

体制障碍。土地、教育、户籍、社保等制度,对农民能动性、自主性、创造性产生严重打击,并且也使农民合法权益受到损害。户籍管理制度城乡分割,公共服务制度差异明显、社会教育制度不平等,社会公平原因和国民待遇原则无法体现出来。当前农民教育事业发展缓慢,我国多数农民没有接受过较高水平教育,普遍为小学、初中文化,这对于新技术、新知识、新思想的学习是不利的,对于农民整体素质提升也造成了阻碍。我国农民文化水平不高,这种情况下其自身主体性在林业生态建设中难以充分发挥出来。

三、农民主体性构建

更新观念,解放思想。实际中要改善民生,就要将农民主体性充分发挥出来,对农民思想进行不断更新,释放被束缚已久的主体性。林业生态建设的直接受益人是农民,相对于其他人,他们更加愿意对涉及自身的现实利益和长远利益进行全面权衡,并在此基础上进行合理判断,使自身利益得到满足。如果没有农民积极、主动、创造性参与,那么在林业生态建设中再多扶持、再好政策也难以获得理想效果。首先政府部门对于农民的意愿要充分尊重,引导和鼓励农民对各种合作经济组织进行构建,促进农民参与林业生态建设的力度和组织化程度提升,为林业生态建设有序开展提供保障。

优化社会管理体制。需进一步推动农民个体土地管理改革和教育平等,为农村公共服务创建完善的体制,同时确保社会保障机制的科学性、可操作性。推动农民产权自主、资源合理分配的实现,积极组织和培训自治主治,为农民发挥出现主体性提供组织保障。

深化农村生产关系改革。为社会主义公有制为主、多种所有制共同发展的生产关系发展创造条件,推动城乡一体化格局更快实现,进一步强化在林业生态建设中农民自身生态文明的发展，并对林业改革进行深化，为林业经济合作组织发展提供必要支持，保证林业生态建设可获得有效的制度保障。

提升农民科技文化素质。农村基础教育对于提升农民综合素质具有重要意义，相关部门应积极推动农村基础教育改革，为提升农民思想素质和科技文化素质提供保障，积极开展林业生态文化建设宣传工作。同时还应当变革传统思维方式，引导农民形成满足时代要求的生态价值观，充分体现出人文关怀。物质形态方面应当对传统生活方式和消费方式进行转变；制度形态上应当进一步建立健全相关法律法规和政策制度，推动人与自然和谐发展。

当前林业生态建设中我国农民主体性还没有充分发挥出来，这对于林业生态建设是不利的。因此，在实践中应积极培养和发挥农民主体性，让农民的智慧、勤劳推动农村发展。本节对林业生态建设中农民主体性实现问题进行了分析，但仍存在一定局限，希望相关人员强化重视，将林业生态建设中农民作用充分发挥出来，推动林业生态建设的有序开展。

第六节 林业技术推广在生态林业建设中的应用

随着社会经济的快速发展，人类与自然环境之间的矛盾日益突出。为了有效缓解二者之间的矛盾，人们的环境保护意识逐步提升，同时，生态发展理念也在各行各业得到了广泛推广，而生态林业建设就是其中的一项重要举措。与此同时，先进的科学技术在各行各业的生态建设中也发挥着举足轻重的作用。比如，林业技术推广在生态林业建设中的应用，大大地提升了生态林业建设质量。为此，该文对林业技术推广在生态林业建设中的应用进行了探究。望能够促进我国生态林业建设的持续、快速、健康发展。

通过科学合理地运用先进的科学技术，不仅会提高生产力，也会提升整体的生产质量与生产效率。而林业技术推广对于林业建设来说，也起着至关重要的作用。对于生态林业建设来说，通过推广林业技术，加快了生态林业的建设进度，同时也提高了生态林业的建设质量。而对于林业技术推广来说，通过将其运用到生态林业建设中，不断检验着林业技术的先进性，并推动其适时地进行更新。以下内容对林业技术推广在生态林业建设中的意义、存在的问题以及解决措施3个方面进行了分析。

一、林业技术推广在生态林业建设中的意义

将林业科技成果转化为先进生产力，加快生态林业建设进度。社会经济的快速

发展,使得人类与自然之间的矛盾日益突出,比如当下常见的环境问题,如水土流失、土地沙漠化等现象,严重阻碍了社会经济地可持续性发展。为了有效地改善此类现状,我国在这些地区大力地开展了生态林建设事业。然而,由于我国地域辽阔,各个地方的具体情况有所不同,因此,所使用的生态林业建设方案也会有所不同。这为我国的生态林业建设事业带来了诸多挑战。在生态林业建设过程中,有些许的林业技术在被研制出来之后,由于在转化使用的过程中遇到问题,无法被应用到生态林业建设中,进而使得林业科技成果的转化率偏低。而随着林业技术推广在生态林业建设中的应用,使得诸多的科研成果有机会被运用到生态林业建设中,提高了林业科技成果的转化率,进而将其转化为先进生产力,并加快生态林业建设。科研成果在具体的使用过程中,需要根据不同的生态林业建设需求,来不断地做出调整,并使其自身不断地进行完善。

提升生态林业的建设质量。林业技术推广在生态林业建设中的应用,大大改善了水土流失、土地沙化等环境问题,进而有效地提高了生态林业建设质量,并为我国社会经济的可持续性发展打下了良好的基础。同时,林业技术在应用的过程中,会贯穿于植树造林整个过程。在每个环节,都需要相对应的林业技术。而在每个环节科学合理地运用林业技术,将会大大地提升苗木的存活率,并促进林木的健康成长,进而最终提升生态林业建设的整体质量。

二、林业技术推广在生态林业建设中存在的问题

林业技术推广缺乏足够的资金支持。林业技术推广的顺利开展,离不开充足的资金支持。而恰恰由于资金投入欠缺,使得林业技术推广工作阻碍重重。从当下的林业技术推广现状来看,我国相关政府部门给予林业建设的资金投入力度不大,导致林业技术推广因资金欠缺无法进行创新性推广。另外,由于资金不足,使得林业技术的研究经费紧缺,并影响到林业技术研究质量,阻碍到生态林业建设的顺利开展。

林业技术推广无法与现实农业生产紧密衔接。林业技术推广工作的顺利开展离不开政府部门的积极推动。同时,也需要国家制定出相应的政策来加强生态环境的保护力度,进而促进生态环境的平衡发展。若将林业技术推广应用到环境保护中,将会直接促进生产技术的提高,并给生产技术的具体应用带来积极的影响。然而,现实中,林业技术推广无法与现实农业生产紧密衔接,进而影响到林业技术的推广与应用。

林业技术推广人员的专业素养有待进一步提高。我国当下基层的林业部门工作人员人数不足,且现有工作人员的专业素养有待进一步提升。尽管现有的工作人员

具备了较为丰富的工作经验,但是却缺少完备的理论指导,且知识储备结构较为单一,使其无法从多角度来分析林业技术推广。同时,通过其自身的力量来完成林业技术的创新与发展也会显得力不从心,进而影响到林业技术的推广速度。因此,进一步提高林业技术推广人员的专业素养就显得尤为重要。

三、林业技术推广在生态林业建设中的应用

给予林业技术推广足够的资金支持,并不断促进林业技术创新。政府等相关部门要给予生态林业建设中林业技术推广足够的重视,并不断地扩充林业技术推广资金支持,并为林业技术创新打下坚实的物质基础。在林业技术创新过程中,科研人员要充分地结合当地的生产效益、当地的具体情况来展开创新工作,进而提升创新林业技术的适用性。

实现林业技术推广服务模式的多样性。生态林业建设工作地顺利开展,离不开完备的设备支持,如林业资源库、建设处数据库的相关信息技术平台等。为了方便工作人员及时地了解林业技术推广在生态林业建设中的信息变化,就需要这些技术设备定期地将林业技术的应用情况载入其中,进而为生态林业建设林业技术推广工作打下坚实的基础。然而,随着科学技术与生态林业建设工作的不断进行,工作人员也需要不断地丰富林业技术推广服务模式的多样性,比如,通过建立现代化林业示范基地,来获得相关部门的足够重视,并促进生态林业建设持续性发展。

进一步提升林业技术推广工作人员的专业素养水平。首先,作为林业技术推广管理部门,需要建立起完善的林业技术推广工作团队,并通过定期展开培训,来提升林业技术推广工作人员的专业素养水平。其次,要建立完善的人才选聘制度与福利制度,吸引更多高水平的林业技术推广人员加入到现有的工作队伍中。最后,在具体的林业技术推广中,要定期组织林业专业知识培训,让工作人员详细地了解并分析当下的林业技术推广现状,为后续生态林业的建设工作提供有力的数据支持。

提升生态林业建设管理水平。提升生态林业建设管理水平,可以从以下几个方面来展开具体的工作:首先,需要建立健全林业技术推广管理制度,为我国林业技术推广和生态林业建设可持续、快速、健康发展打下坚实的制度基础。其次,促进林业技术推广方式的多样化。通过有效融合多样的林业技术推广方式,促进林业技术快速推广。最后,相关管理部门需要结合当地实际情况,组建出专门的监管部门,进而高效地监管生态林业建设中林业技术推广工作,并促进生态林业建设的顺利进行。

建立健全林业技术推广网络体系。当下生态林业建设中林业技术推广工作的重点与难点多集中在基层。由于基层的工作人员有更多的机会接触林业与农业,因此

可以将乡镇作为中心建立科学的林业技术推广网络体系，为林业技术的推广提供强有力的理论指导和队伍支持。同时，生态林业建设地可以结合自身的发展条件，建立完备的推广站，确保林业技术推广的顺利进行。

总之，社会经济的快速发展，加剧了人类与自然环境之间的矛盾。而为了更好地解决此项矛盾，就需要做好生态林业建设。由于林业技术推广在生态林业建设中扮演着重要作用，为此，加强林业技术推广在生态林业建设中的应用探究就显得尤为重要。以上内容对此进行了相应分析。希望可以给相关工作人员带来一定的启示作用。

第十章 林业生态资源建设技术研究

第一节 生态林业工程建设的办法及创新

新中国成立以来,经济社会迅速发展,森林资源不足和土地荒漠化问题日趋严重,严重阻碍了中国社会经济的健康发展。这些问题的出现迫使我们重新审视生态林业工程建设的重要性。当前形势下,树立正确的环境治理理念,指导人们开发利用自然资源,保护自然环境,并在此基础上构建完备的环境治理制度体系,加大科技创新全面促进生态建设,构建完备的生态林业工程建设制度,加大科技创新全面促进生态林业工程建设,实现社会经济与自然的协调、持续、健康发展,构建美丽中国。所以本节分析了生态林业建设的问题,提出了生态林业工程建设的办法及创新途径。

一、生态林业工程建设存在的问题

林业生态工程粗放管理水平。近年来,生态林业工程建设取得了一定成绩,但是,相对而言,管理水平还比较粗放,与实际要求相差甚远。林业生态工程规划的可行性较差,各级规划只有项目的总体目标,没有分解成具体的环节,没有确定每个环节的技术指标,不能有效地监控生态林业工程建设质量和进度,并提供参考。经济林发展缺乏全面规划和定量控制,在经济利益驱动下,盲目性毁林开荒随处可见。增加经济林面积的趋势是政府没有按照最佳生境和供需平衡来发展经济林。林业生态工程建设责任不清的普遍现象。在区域部门利益的驱动下,生态环境项目建设中的多重管理、责任不清现象更加突出。

整体的生态林业工程处于比较脆弱的状态在实际发展的过程中,虽然森林资源比较丰富,但是,在实际进行经济建设的过程中,其灾害性的天气频率比较大,虽然森林覆盖率,在这几年的发展之中呈现逐步上升的趋势,但是受其工业和生活的影响,很多地区污染较大,并不能更好的去对相关的树木进行有效的选择和种植人为因素干扰比较大,对于企业生态文明建设具有非常不良的影响。

基础设施建设是比较薄弱。从近几年的发展状况来看,农生态林业工程建设虽然取得了重大的突破,但是其生态文明的基础设施是非常落后的,这在很大程度上做总体经济建设造成了非常大的阻碍。另外,在实际发展的过程中,维护完整的生态网络矛盾非常突出,维护生态系统服务还不到位,恢复自然过程与功能结构非常不平衡,如果不能更好的对其进行改造和扩建,其等级也是比较低的,基础设施非常落后,对于整个生态文明建设工作的有效推进造成了非常大的阻碍。

二、生态林业工程建设的对策

完善生态林业工程建设的合理规划。林业生态工程建设50多年来,积累了许多宝贵的经验和教训,在艰苦的实践中,探索和形成了一批成功的工程模型和施工模型进行合理规划,制定出台一系列的具有针对性的方案来完成对生态林业工程建设所有的在开发与保护措施。并且组织相关的专家对生态林业工程建设以及市场进行系统、专业的调研,最后做出可以满足于当地发展的长期规划需求,最后制定出符合全局的高质量、科学合理的生态林业工程建设总规划,再由省政府传达到各个下级市、下级县,对其进行引导,从而配合全省的生态林业工程建设开发工作。

创新施工机制,组建专业施工队伍。生态林业工程建设是一项成本巨大的系统工程。引进专业的技术人才加快发展。在发展经济的同时需要有目光更加长远、其专业性与实用性一定要极为完善。组建专业施工队伍有三种形式:第一,义务兵的方式。国家可以考虑成立生态林业工程建设兵团,主要承担国家大型"一还三还"工程建设;二是县乡专业队伍,吸收农村富余劳动力组建专业队伍。承担地方大型生态工程建设,加快生态林业工程建设。第三,依托国有林场,以企业的形式,吸引当地居民组建股份公司。恰当正确的使用专业施工队伍,可以使整个生态林业工程建设向着良性的趋势发展,同时生态林业工程建设也需要在技术型人才的方向做好把关,在用人和培养人方面做到真正的融为一体,最后使人才发挥其热量,做好人才的规范管理,最大限度的发挥人才的潜能,并且为他们提供必要的工作需要以及生活质量。

构建完备的生态林业工程建设制度。生态林业工程建设制度是环境治理能力的关键变量和核心要素,是国家生态林业工程建设的根本保证。当前中国存在的许多环境治理的顽疾,多是由于制度本身的不完善、不配套、不衔接造成的。随着经济社会的迅速发展,伦理道德理念和道德教育在某些方面对技术活动失去了约束力。很多企业与个人在经常面临着德与利的相互冲突、难以兼顾的困难抉择。缺乏以完备的制度作为他律来对人膨胀的私欲进行约束,就容易导致因缺乏公德意识而造成的私欲的膨胀。因而我们需要通过构建系统完备、科学规范、运行高效的制度体系,加大环境立法和查处违法的力度,增加污染环境的犯罪成本。完善奖惩制度,在积极的应用科学技术寻求解决途径的同时，也应当把目光转向意识形态的领域，不能头痛医头、脚痛医脚，而是要树立整体思维，注意措施的综合性、系统性和协调性，形成多元交互共治的良好局面，提升我们环境治理的绩效。

加大科技创新全面促进生态林业工程建设。促进生态林业工程建设的观念创新，制度创新和技术创新是联动的。实现生态林业工程建设发展必须依赖绿色技术，因为科学技术作为调节人与自然关系的中介和实现人的自由全面发展的工具，能够将人从环境制约中解放出来，并调控人与自然之间的物质流能量流和信息流的良性循环，目前绿色技术的发展已成为一种潮流。要积极推进当前的绿色科技，向系统化，集成化，智能化深层次化综合创新转变。

总之，我们可以清晰的认识到，生态林业工程在实际建设的过程中，在很多方面都存在着一些问题，最主要的是表现在生态环境之中。分析生态林业工程建设的办法及创新途径为生态林业工程建设指出方向。

第二节　创新造林绿化机制　推进林业生态建设

随着经济不断发展，社会文明进程的加快，我国将生态文明建设放在突出位置。近年来，林业生态建设调研报告不断推进，各地区政府将实事求是、解放思想、以时俱进作为绿化工作基本出发点，并将造林绿化放在突出位置，同时还将兴业造林作为工作重点。通过实施林业重点工程、创新造林绿化机制，对我国资源进行管护，以此推动造林绿化进程。本节将对如何创新造林绿化机制进行简单概述，希望能够找到推进我国林业生态建设的有效措施。

林业生态建设问题成为当前社会发展的重要问题，想要解决好此类问题首先应当对造林绿化机制进行创新。通过对造林绿化方案的不断改进与创新，找出最适合生态建设发展的有效措施。与此同时，随着城镇化进程不断加快，在造林绿化的同时，尽可能建设森林城市，通过对城市进行绿化，为人们提供一个有利于身心发展的生活环境与工作环境，能够满足人们对生活质量的需求，使得我国生态建设取得更为突出的成绩。

一、创新造林绿化有效机制

加强宣传造势。想要做好造林绿化工作，必须加强宣传造势手段，不断引导全民参与与支持造林活动。比如设置宣传标语、利用广播电台等宣传绿化造林的意义，使得人民群众能够准确意识到绿化造林的重要性，并且能够发挥自身最大能力，积极参与绿化造林工作中,为我国绿化造林做出保障。

开展多项工程:

退耕还林工程。近年来通过试点工作不断实施,我国各地区将退耕还林作为创新绿化机制的首要方法,并且能够对农村经济结构进行调整。在这个过程中将退耕还林作为一项政治任务,检验各级领导班子的实践能力,如果退不下耕地就应当退官退位。目前来看,此方法已经取得明显成效,为我国推进林业生态建设打好坚实基础。

天然林保护工程。天然林作为我国宝贵资源,近年来随着管护工作进一步加强,不断建立森林管护站、树立护林宣传标语、小型固定标志牌以及陪护多名专职护林人员等,目前俩看已经完成封山育林上完工勤,为我国多名国有林场职工参与基本养老社会统筹,使得我国天然林资源得以保护,为日后恢复与发展做好准备。

二、利用造林绿化机制推动生态建设发展

完善城镇化健康发展体制机制。为全面建成小康社会,目前面临的最艰巨任务就是在农村地区。全民扩大生态容量、提升生态承载力,最艰巨的任务则是在城镇。所以为了推进城镇化与农村建设,想要实现农村转移人口市民化必须应当进行林草绿量扩增与生态容量不断拓展。在建设过程中应当提高绿化率,营造城市森林片、带、网、园,将森林成为城镇的氧吧与吸尘器,这样能够满足人民生活需求,筑牢城市发展基础,由此提高城镇生态文明的总体水平。

强调简政放权。为推动造林绿化机制不断发展,以此推进林业生态建设有效进行,政府应当深化行政审批制度,保证简政放权顺利实施。简政放权与加强监管应当同步推进,增强政府治理能力,不断提高政府只能,实现服务政府建设目标。通过政府职能的传遍,在工作中应当正确履行林业有害生物审批等职能,正确保留行政审批项目科学化,以此推进林业生态建设有序进行。

建立多元合作政策机制:

投入政策。通过进一步固化与完善造林与森林抚育等中央财政资金补贴,增加补贴规模,扩大对象,提高标准,实现政策普惠化。对新造林进行抚育养护,低育闭林分补直补以及对林区道路进行维护都被纳入财政补贴范围内。在这个过程中应当不断引导与鼓励工商资本对造林、育林提供资金支持。并且应当研究与制定支持林业合作社开展森林经营的税收政策,以此减轻企业与负担。

政策扶持。应当按照生态补偿与自愿有偿使用制度要求,尽可能提高森林补偿标准,推行碳排权交易下的林业碳汇交易,以此建立支持林业碳汇交易有效措施。

推进营林生产市场化。将市场作为导向，不断推进各类林业与企业之间的协调与合作，不断推进林业有害生物防治工作、生物质能源产业发展工作以及森林经营管理工作灯，并且将每个工作保持在专业化与规模化水平中。

第三节 基于创新驱动的生态林业建设

创新驱动是提高生态林业建设水平的现实要求，是促进现代林业发展的实际需要，是加快推进生态文明建设的必然选择。本节以安徽省世行贷款林业综合发展项目创新实践为例，分析了项目的创新动力来源和创新驱动方式，总结了项目的创新内容及取得的成效，以期为其他林业项目建设提供学习和借鉴的范例。

创新驱动是提高生态林业建设水平的现实要求，是促进现代林业发展的实际需要，是加快推进生态文明建设的必然选择。推动现代林业持续健康发展，必须加强林业治理体系创新，加强林业体制机制创新，加强林业科技创新，让创新成为驱动林业发展的新引擎。创新通常是指以现有的思维模式提出有别于常规或常人思路的见解为导向，利用现有的知识和物质，在特定的环境中，本着理想化需要或为满足社会需求，而改进或创造新的事物、方法、元素、路径、环境，并能获得一定有益效果的行为。创新驱动是指依靠创新带来的效益来实现更大、更快、更优的增长和发展。安徽省在实施世行贷款林业综合发展项目中始终坚持创新意识，项目在设计、施工期间，紧紧围绕营造以生态效益为主的多功能森林这条主线，认真分析社会需求和项目要求，积极借鉴和吸收世界森林可持续经营经验和成果，依托项目科技支持组专家的智慧与尊重林业技术人员的创新，发掘项目当地的乡土知识和实际需求，在实践中总结，不断转变传统的林业观念，在项目贷款模式、建设内容、造林模型、技术理念、管理模式、部门协作等方面提出了许多新的方法和措施，并在项目实施中得到了检验。项目在体制机制、管理、技术的创新上取得了显著的成效，在创新驱动林业生态建设上积累了丰富的经验，可为其他林业项目建设提供学习和借鉴的范例。

一、林业综合发展项目基本情况

安徽省世行贷款林业综合发展项目于 2008 年初开始，采取"自下而上、自上而下"的方式，开展项目框架、内容、技术措施的筛选和设计。2009 年初，在各项目县（市、区）可行性研究报告的基础上，编制完成省级项目可行性研究报告，并获得省发改委批复同意。2010 年底项目正式启动实施。项目总投资 2.99 亿元，其中世行贷款 2 200 万美元。

项目主要内容为新造多功能人工林以及针对现有低效人工林开展生态修复,同时支持提升公共机构服务能力和建设项目监测评价体系。

项目主要目标是通过在生态环境脆弱地区造林和生态修复,增加项目地区森林覆盖率,改善森林以生态为主导的多种功能和综合效益,提高森林可持续经营水平,增加森林经营收入,并为其他地区推广具有重要公共产品效益的多功能人工林的可持续经营和管理模式提供示范。

截至2015年底,项目基本完成各项既定任务,项目实施取得显著成效。项目营造林质量超过项目设计,一级苗使用率、环保措施合格率、成活率和抚育合格率加权平均分别为99.2%、99.9%、93.0%和99.8%,四项指标均超过项目设计标准8~15个百分点。在世界银行年度检查中,均获得"满意"评价。

二、林业综合发展项目创新动力来源

政策背景。1999年1月和2000年12月,国务院先后颁布了《全国生态环境建设规划》和《全国生态环境保护纲要》;2003年6月,中共中央、国务院发布了《关于加快林业发展的决定》。这些文件中明确指出:加强生态建设,维护生态安全,是21世纪人类面临的共同主题,也是我国经济社会可持续发展的重要基础。全面建设小康社会,加快推进社会主义现代化,必须走生产发展、生活富裕、生态良好的文明发展道路,实现经济发展与人口、资源、环境的协调,实现人与自然的和谐相处。森林是陆地生态系统的主体,林业是一项重要的公益事业和基础产业,承担着生态建设和林产品供给的重要任务,做好林业工作意义十分重大。国家制定的这些规划明确了林业发展的优先重点为控制水土流失、涵养水源、防治荒漠化等,凸显出森林在改善环境状况中的显著地位。林业建设实现从木材生产到改善生态环境的历史性根本转变,以解决严重的环境退化问题。这个转变促使林业的经营目标由单一向多功能转变,对项目的规划和设计提出了创新要求。

社会需求。项目设计之初,我国森林面积约1.95亿hm^2,森林覆盖率20.36%,与20世纪80年代相比,得到了很大提高。森林提供了全国40%的农村能源和大约2/3的工业木材消耗,森林还提供了防止水土流失、减少大气污染、增加碳汇、为动植物提供栖息地等重要的环境服务功能。但由于森林资源有限、质量不高、分布不均、森林生态系统稳定性不足、森林资源管理薄弱等导致森林提供环境维护能力有限。中国受水土流失影响的土地总面积约有367万km^2,约为国土面积的38%,并以惊人的速度不断加剧;全国沙化土地总面积约为262万km^2,并且每年以2 460 km^2的速度扩大。安徽省长江流域水土流失面积为2.63万km^2,占安徽总面积的19%,

水土流失地区主要集中在大别山区和皖南山地及江淮丘陵地区。在这些地区，侵蚀面积为总面积的30%~60%。因侵蚀形成的沉积颗粒包括细沙淤泥、粗砂和砾石从流域地区流入上流水库、支流和中小河流，削弱了河流的泄洪能力，也降低了截留水库的蓄水能力。同时，随着农村劳动力大量进城务工，在林区从事林业的劳动力越来越少，价格也越来越高，人工造林单价大幅度提高。严峻的生态环境保护形势和营造林成本的上涨压力，要求积极提高森林覆盖率，改善森林质量，在坚持生态优先和最大化的原则下，创新造林方式，控制造林成本，积极探索生态、经济和社会效益有机结合，生态与经济相协调的林业可持续发展道路。安徽省自然条件优越，水热资源丰富，许多树种萌蘖能力强，植被自然更新容易，充分利用自然力，通过一定的人为干预，促进目的树种的定向培育，或补植、补造乡土阔叶树种，加快恢复森林生态环境，成为山区生态恢复和培育森林资源的一条重要途径。

项目要求。世界银行资助的中国项目大多以需求为导向。从20世纪90年代初开始，世行贷款从一开始相对简单地支持国家和集体林场营造人工林发展成为目标更为复杂的项目，涉及减贫、农民参与、提高木材生产、改进人工林和保护区管理、进行生物多样性保护等。林业综合发展项目的主要目标是通过在生态环境脆弱地区造林和生态恢复，增加项目地区森林覆盖率，改善森林以生态为主导的多种功能和综合效益，提高森林可持续经营水平，增加森林经营收入，并为其他地区推广具有重要公共产品效益的多功能人工林的可持续经营和管理模式提供示范。可以看出，与以往其他的世行项目不同，该项目侧重点不仅在于支持政府的森林环境政策，同时还帮助政府实施新的林权制度改革政策，以及对具有重大环境保护功能的森林管理进行示范。项目目标的多样化以及理念的转变，势必要求在项目的组织管理、实施、监测方式等上进行创新，以适应项目提出的新要求。

三、林业综合发展项目创新驱动方式

借鉴和吸收全球森林可持续经营经验和成果。项目规划设计和实施当中，积极借鉴已完工世行项目积累的科技成果和管理经验，如高效的人工林经营模式、技术示范和培训、参与式、报账制、简便可行的监测与评价体系等。同时，依托世行贷款林业项目，扩大林业对外交流与合作，吸收、借鉴全球森林可持续经营经验和成果，积极融入可持续、近自然、多功能等新的森林经营和发展理念。世行方面在项目设计中也积极契合中国的发展需要。在双方商定的林业综合发展项目设计方案中，把项目重点放在为解决中国林业部门目前仍处于落后状态的一些主要问题提供示范上。新项目的主要内容包括更有效地开展森林管理、水土资源保护、为政府的集体林权制度改革提供支持。这些内容完全符合中国政府"十一五""十二五"规划和世行2006年发布的"国别伙伴战略"制定的方向和目标。

依托专家的智慧与尊重林业技术人员的创新。为推动先进的营造林理念、技术与各地实际紧密结合，成功落实到山头地块，根据项目建设内容和要求，省项目办成立了由安徽农业大学、安徽省林科院、黄山学院等高校、科研院所10多位专家组成的项目省级科技培训与推广支持组，制定了项目科技培训与推广支持专家任务书，围绕项目需要，开展了低密度多树种混交造林技术、针叶树种和乡土阔叶树种的混交造林技术、经济树种生态恢复和混交造林技术、现有林生态修复技术、阔叶树育苗技术等的培训、咨询和指导。省项目办依托省级科技培训与推广支持组，以培训班授课、现场授课等形式开展省级培训。各项目县（市、区）林业局也相应成立了科技推广支持组，共吸收300余名林业、社会、环保、财务等方面的技术专家和能手参与到科技培训与推广当中，结合生产实际，向林农和基层林业技术人员传授实用技术。

发掘项目当地的乡土知识以及实际需求。在项目设计和实施当中，各项目县（市、区）按照"参与式磋商"的要求，发放项目宣传材料、召集相关权益人磋商，确保项目区目标群体自愿、平等地参加项目实施，确保目标群体能够参与项目主体选择、模型确定、施工设计、合同签订等项目实施工作的决策制定过程，有效避免或减少项目实施可能带来的社会风险或负面影响。在与利益相关方磋商过程中，积极发挥他们的主观能动性和创造力，吸取他们在树种选择、混交方式、栽培模式、施工合同管理等方面的意见和建议，积极利用项目当地科学合理的已有营造林技术，按照项目要求进行完善提高。详细了解项目主体的实际需求，使项目规划设计"接地气"，使项目规划设计和施工既符合项目要求，又适合营造林主体和当地社会经济发展的实际需要。

四、林业综合发展项目创新内容和成效

制度创新：

（1）创新项目承贷主体，以合同的形式明确参与各方的权利和义务。世行贷款项目通常采取"谁承贷，谁受益，谁还款"的转贷方式。林业综合发展项目建设的优先目标是改善生态环境和保护自然资源，项目的收益主体是广大的人民群众，政府作为广大人民群众的代表，无疑将承担起贷款的承贷和偿还任务。为与项目宗旨和目标一致，项目采取了"政府承贷，林农用款，政府还贷"的转贷方式。各项目县（市、区）均按项目要求结合实际情况，在造林前与项目实体签订造林合同，以合同的形式规范项目参与各方权利和义务。

（2）开创利用贷款开展生态林业建设的先河。从1990年到2009年，安徽省利用世行贷款先后实施了国家造林项目、森林资源发展和保护项目、贫困地区林业发展项目和林业持续发展项目，虽然每期项目建设目标都有所侧重，但主要都是开展人工商品林建设。林业综合发展项目在建设目标和宗旨上进行了创新，首次利用世行贷款，在生态环境脆弱地区营造以生态效益为主导的多功能森林。

（3）创新提出生态修复模式。项目创新提出了现有林生态修复模型，对现有林分树种结构单一、生态功能低下的低效人工针叶纯林和疏林地、灌丛地，由于在经营措施上只注重经济效益、忽视环保措施而造成林地土壤侵蚀严重、生态功能和经济效益低下的荒芜衰败的经济林，以及火烧迹地，遭受严重雪灾、风灾等自然灾害，过度采伐而形成的残次、低效林地或疏林地、灌丛地等，通过抚育保留天然更新幼树和适当补植阔叶树种，形成针阔混交或阔阔混交林分，利用森林生态系统的自我恢复能力，辅以人工措施，使遭到破坏的森林生态系统逐步恢复原貌或向良性方向发展，实现生态系统功能的恢复和合理结构的构建，让原来受到干扰或者损害的系统恢复后能实现可持续发展。

项目创新设计的现有人工林生态修复模型，基于森林演变理论，遵循森林自然发育进程，在深入分析掌握现有林分状况的基础上，施以适度的人为干扰措施，促进现有低质、低效人工林的生态恢复，所采用的修复技术措施和建设内容是过去教科书和生产实践中所没有遇到过的，与2015年4月25日中共中央、国务院发布的《关于加快推进生态文明建设的意见》和十八届五中全会"关于制定国民经济和社会发展第十三个五年规划的建议"中关于生态建设的理念和精神高度契合，完全符合中央生态环境治理的最新方针政策，显示出项目提出的生态修复理念具有很好的前瞻性和科学性。

技术创新。技术进步是推动经济长期稳定增长的核心动力，是促进经济增长方式转变的根本途径。技术创新和技术引进是技术进步的两条主要路径。项目在营造林技术上积极引进和吸收先进的技术理念和措施，营造林技术理念由传统的"密度高、单一树种、商品林、成熟林皆伐"，转变为"低密度、混交林、多功能、可持续"的营造林技术理念，有效地提高了项目的技术水平，为项目的可持续经营奠定了坚实的基础。项目营造林技术理念从以下几方面进行了创新：

（1）生态效益优先，适当兼顾经济效益。项目目标是改善生态环境，因此在技术上要求造林模型要有益于生态环境的改善，而不能单纯追求经济效益而影响到生态效益，这是项目对造林模型的最重要、最基本的要求。同时，为兼顾林农的经济收益，在立地条件较好的地块,可适当栽植既有生态效益,又具有较好经济效益的树种,为生态林的可持续经营奠定基础。

(2)营造混交林。混交林比纯林具有更高的生态效益,主要表现在混交林可以提高近地表层地被物的覆盖度,提高林分的水土保持效益,且林分的稳定性比纯林高。易发生病虫害的树种通过混交可以控制病虫害的发生,纯林单一养分消耗引起地力衰退的问题通过混交可以改善土壤肥力,防止地力衰退的发生,纯林生长不良可以通过混交来改善树种的生长。项目共选择50多个树种,根据不同立地条件、树种特性、群众意愿等建立了100多个混交模型,有效地提高了项目林的抗逆性与稳定性。

(3)引入改良环境的树种。项目区现有森林退化引起的水土流失等生态问题的原因是地表植被生长不良、土壤裸露面积较大所导致的。在进行林分改造时,选择引入的树种须有助于将来形成稳定的混交林分,各树种的生物学特性互补,确保合理的林分盖度,林下植被丰富,产生稳定的生态效益。

(4)低密度造林,恢复林下植被。通常情况下,高密度造林,整地时破土面积大,对土壤干扰严重,容易引起水土流失,成林后郁闭度大,林下植被稀少。通过降低造林初植密度,充分利用现有林的自然更新和萌条,减少整地破土面积,减少造林阶段的水土流失;改善林内环境条件,特别是光照条件,增加林冠层下植被的覆盖度,增加生物多样性,对地表土壤形成良好的保护层,控制土壤侵蚀,增加林地蓄水能力。

(5)采取生态经营措施。森林培育过程中,要求采用近自然林业的经营标准和方法,做到不炼山、不全面清灌;带状或穴状整地,沿等高线"品"字形配置栽植穴;坡长超过200 m,每隔100 m保留3 m左右宽的原生植被带,25°以上的坡地,实行穴垦;保留阔叶树和山脚、山顶原生植被;适度抚育,不皆伐,一般采用渐伐、择伐的方式,充分利用自然力进行更新;在采伐的过程中注意林地环境的保护,防止对地表植被与土壤的破坏。经济树种要降低经营强度,保护地被物。

管理创新:

(1)创新部门协作管理模式。部门之间有效合作,创新管理模式是项目成功实施的基本保障。各级政府高度重视项目建设,在项目立项、准备以及实施的过程中,各有关部门充分沟通,紧密合作,达成共识;当地群众和农民积极参与,从而保证了项目实施既符合世界银行的发展战略,又适应安徽林业的发展规划,同时尊重了林农的意愿。项目管理以资金、财务和债务为主线,根据项目管理的规则、程序、权限和责任,林业、财政、审计等部门全面参与项目的管理,切实履行自己的职责,对项目资金运行的全过程,实施科学化、精细化管理。各部门通过联合检查指导项目建设、联合加强项目管理培训、联合宣传推广项目经验等做法,确保项目建设进度和质量。

（2）创新财务管理。由于国家投融资体制改革,与以往的世行项目相比,在林业综合发展项目的实施管理过程中,省林业厅和省财政厅的责任更加重大。林、财两家按照"统一领导、归口管理、分工负责、各司其职"的原则,建立健全齐抓共管的工作机制,密切合作,各负其责,通力协作,形成推动项目建设的强大合力。各级林业、财政部门强化大局意识、责任意识和协作意识,增强工作积极性、主动性和创造性,加强沟通、协调,努力为项目的顺利实施创造更好的条件。

（3）创新审计监督。在林业综合发展项目实施过程中,项目主管部门加强与审计部门的协调配合,形成合力,强化项目的监督管理,严格执行有关制度,进一步规范项目建设和管理行为,确保项目资金专款专用,提高项目资金的使用效率,确保项目建设顺利实施,维护政府利用国外贷款的信誉。审计部门为项目的顺利实施和项目资金的专款专用起到保驾护航的作用。

（4）创新示范推广方式。项目以生态建设为主要目标,采取的技术理念先进,引领当前林业发展方向。为使项目各项先进的技术措施能够得到及时的推广应用,辐射更大的范围,提高安徽省整体营造林的技术水平,我们改变了传统的在项目实施结束后进行总结、推广的模式。在项目实施过程中,积极加快总结和示范推广步伐,做到"边实施,边总结,边推广",通过举办培训班、现场指导、专家咨询等形式,使项目中的先进理念、技术在安徽省千万亩森林增长工等林业重点工程项目中得到推广应用。

（5）创新宣传方式。林业外资项目实施周期长、涉及面广,项目的成功实施不能单靠林业部门自身的力量,必须加大宣传力度,取得地方政府和全社会的支持。各级项目主管部门积极向党委、政府做好项目工作的汇报,使党委、政府充分了解项目实施进度以及存在的困难,及时做出决策和部署。同时积极利用广播、电视、报纸、墙报、宣传牌等传统形式以及网络、QQ群、微信公众号等新媒体,广泛宣传世行林业项目的宗旨、目标和先进实用技术,尤其是生态建设和保护的理念,做到家喻户晓、人人明白。

世行贷款林业项目在安徽实施近20年中,始终坚持借鉴和引进世界先进的林业发展理念,项目框架设计、技术措施、管理手段等各方面与时俱进,坚持以创新驱动项目实施,始终引领全省林业发展方向。随着国家对林业投资的日益增长,相比较下,世行林业项目投资额度总体不大,但在提升和加强对外合作与交流中,仍要加大利用世行等外资力度,通过实施林业外资项目,在实践中总结成功模式,继续引领安徽现代林业建设,推动安徽林业发展理念、管理方式、技术措施的创新与进步,加快现代林业发展,为全省经济建设和生态文明建设做出新的贡献。

第四节　林业生态文明建设中科技创新支撑作用

林业生态文明是我国生态文明建设的核心组成部分,在大力推进林业生态文明建设过程中亟须强化科技创新的支撑作用,驱动林业生态文明繁荣。文章在介绍了林业生态文明与科技创新内涵的基础上,从理论创新、技术创新、系统规划三个层次分析了林业生态文明建设的科技创新支撑基础,按照林业生态文明建设逻辑过程,提出科技创新支撑林业生态文明建设的作用机制,并指出了进行林业生态文明建设中科技创新应注意的问题。

"十三五"是我国生态文明建设的重要机遇期,政府对生态文明建设的认识逐步深化,建设进程加速推进。自然生态系统是生态文明建设的主体,其中森林是自然生态系统的核心,意味着林业生态文明在生态文明建设中应该占据主体地位。现代林业是科学发展的林业,林业建设需要以生态文明为导向,走可持续发展之路,通过科技创新,提高林业科技化水平和林业资源的利用率。加快林业生态文明建设的前进步伐是建设生态中国的必然要求,更是今后林业建设管理工作的主要方向。提高生产能力和生产效率的有效手段是技术创新,因此,林业生态文明建设若要取得实效也必然需要发挥科技创新的支撑和引导作用。《国家林业局关于加快实施创新驱动发展战略支撑林业现代化建设的意见(以下简称《意见》明确提出要深化林业科技体制改革,激发科技创新活力,增强林业自主创新能力,并提出到2020年,基本建成适应林业现代化发展的科技创新体系。《意见》还从科技创新供给、成果转化、人才建设、创新保障等方面给出了具体的指导意见,因此,为有效落实国家创新驱动发展战略,提高林业生态文明建设的科学性和有效性,应该重点提升林业科技创新能力。

一、林业生态文明与科技创新的内涵

林业生态文明。人类从诞生以来,经历了原始文明、农业文明、工业文明阶段,当前所提倡的生态文明则是人类社会发展过程中的更高级的文明形态。生态文明所追求的是人与自然的和谐共生。森林、湿地、荒漠生态系统中的所有生物生存状态及相互联系构成了林业生态系统。陈绍志,周海川认为林业生态文明是人类利用林业改善生态环境而采取的一切文明活动,是人类对待自然森林、湿地、荒漠生态系统以及蕴藏生物的基本态度、理念、认知,并实施保护开发及利用的过程。余涛认为在大

力推动林业生态文化发展繁荣的过程中,要切实的融入人与自然是一个有机体的理念,并以此指导建设活动。

李向阳认为林业生态文明是生态文明建设的主题,林业建设对生态文明建设起着核心作用。孙雯波在生态文明的视域下探讨了我国农业与食物伦理教育的必要性与意义。生态系统由陆地生态系统和海洋生态系统两部分组成,森林作为陆地生态系统的主体是其中最有效的固碳方式,在生态环境建设中,林业生态文明建设必须放在突出位置。在正确认识生态文明内涵的基础上,促进林业生态文明建设需要加大自然生态系统和环境保护力度、加强生态文明制度建设等,根据国家和各地区林情,明确林业生态文明建设的实施路径,形成有中国特色的林业生态文明建设理论体系。

科技创新。科技创新在学术研究中是一个不断演进的概念,内涵与特定的经济社会发展背景密切相关,理解科技创新需要考虑我国的国情国力与技术发展水平。在宏观层面上,科技创新能力代表了一个国家或地区的竞争实力,在微观层面上,企业的科技创新能力是决定企业在市场经济中能否生存的关键。因而,科技创新是科技创新主体为提升自身竞争力与实力而创造和应用新知识和新技术、新工艺,变革生产方式与管理模式,将科学技术发明应用于生产体系以创造新价值的行为。目前,已有较多学者研究了科技创新对生态文明的支撑作用,如陈墀成认为生态文明的建设需要借助绿色科技提供实践手段,科技创新生态化转型能够提供人与自然协调的科技支撑。左其亭等对科技创新水生态文明建设的支撑作用做了研究,但针对科技创新支撑林业生态文明建设的研究较少。生态文明建设的内容包括水、森林、草原、荒漠、城镇生态文明建设5个子系统,只有5个文明建设齐头并进,才能保障生态文明建设的实现,因此,有必要探讨科技创新对林业生态文明建设的支撑作用。

二、林业生态文明建设中科技创新支撑基础

林业生态文明建设需要自然系统端与社会系统端的协同治理。在自然系统端,需要以保护林业自然生态系统为目的,促进人与自然和谐可持续发展;在社会系统端,需要改变传统生产消费方式与理念,树立生态价值观。林业生态文明建设所追求的是人和林的和谐关系,是一项涉及众多领域的复杂的系统工程,因此,需要林业相关的科学理论创新、技术创新以及不同层面的系统规划以支撑林业生态文明建设。

加强基础理论创新。林业生态文明作为一个新概念,需要相关基础科学理论创新的支持,才能更好地为林业生态文明建设奠定基础。相关基础科学创新可分为林业生态文明的科学内涵及建设路径、林业生态系统演变机理及规律、林业生态文明

建设与经济建设等相关联其他领域的科学创新,并包含对农林资源管理、生态学、环境工程学、经济学等多个学科领域理论创新的需要。就林业生态文明建设所涉及的基础学科而言,创新内容包括林业生态影响因素分析,评价指标与体系的选取构建,林业资源保护理论方法创新,生态环境治理与修复,林业生态与城乡社会可持续发展,人林和谐相处研究等诸多方面。

科学实践需要理论支撑,所以,林业生态文明建设的实践需要以能够正确认识林业生态系统的演变规律与内在机理为前提,探求林业生态系统的演进过程与影响因素,以求运用正确的保护开发理念指导林业生态文明建设实践;考虑到需求决定供给,因此,也要切实了解经济社会对林木的需求状况和森林开发的规律,运用生态文明理念指导林业资源开发,利用与保护的全过程,同时,也要在林业资源规划、建设、管理的各环节中贯彻执行科学用林、节约用林的理念。

关键技术创新。林业生态文明建设对技术创新支撑作用的需求主要表现在生态环境保护技术和资源开发技术两方面。环境保护技术主要应用在支撑生态保护建设,解决生态系统保护中的关键工程技术问题。在国家生态文明建设背景下,要将"一带一路""长江经济带"等作为重点区域保护生态,通过林业生态科技创新,解决在森林修复、湿地、荒漠生态保护等方面存在的难题,掌握生物多样性保育的关键技术等,创新应用技术来增强生态系统服务功能和供给的能力,提升生态系统质量和稳定性。资源开发技术主要应用于林业产业绿色发展、林业扶贫、林业产品开发等方面。林业产业作为传统产业需要通过转型升级以转变过去粗放型的发展模式,在培育新型产业战略的需求下,通过林业资源定向培育、碳汇林业、林业智能装备等核心技术研发,打造从林木资源培育、原材料采购储存、智能制造到提供一体化服务的产业技术创新链条;对于科技发展落后地区,立足于科技服务实践,可引导科技型企业入驻,通过建立科技示范区来共享科技创新成果,促进科技资源共享共用,实现不同区域的科技创新交流与合作。通过技术集成和试验示范,培育不同区域的优势产业和特色产业。

制定科学规划。林业生态文明建设的根本要义在于实践,其实践的基础不仅仅是在理论上和技术上的创新,还需要根据实情制定科学系统的规划。按照空间尺度,林业生态文明建设的方案应从不同层次着手。

首先,国家林业部门根据《意见》的指导原则,合理制定国家层面上的林业生态文明建设方案,合理规划林业生态文明建设的空间格局,确定阶段性建设目标与内容,有步骤、有计划地推进全国林业生态文明建设;其次,各省、市、自治区在国家总体方案和规划的指导下,结合地方特色,科学制定本区域林业生态文明建设方案,可以着重解决生态退化严重、系统脆弱和重点保护区域的生态文明方案制定工作;最后,地方可以在区域方案的框架下,按森林保护等级分级保护管理措施,进一步制定单元林业生态文明建设方案,如Ⅰ级保护林地是我国重要生态功能区内给予特殊保护和严格控制生产活动的区域,主要以保护生物多样性,特有自然景观为目的。此外,对于一些因为地震、风灾等自然灾害和人为矿山开采等原因造成的森林生态系统受损的区域,需要制定重点林业生态保护修复方案,如封山育林、人工促进植被演替等技术手段帮助恢复生态系统。参考区域林业生态情况,以及社会经济发展态势,选择具有区域代表性、林业生态管理能力与基础较好的典型地区,开展林业生态文明建设试点,探索林业生态文明建设的管理体制、激励机制、典型模式。

三、林业生态文明建设中科技创新支撑作用机制

支撑林业资源规范管理。科技创新有利于促进林业资源管理制度严格执行和林业资源可持续开发利用。森林是陆地自然生态系统的重要组成部分,是人类生存发展的重要资源和生态保障。生态红线是我国耕地保护红线后提出的又一国家层面的"生命线",体现了国家在保护自然生态系统上的坚决态度。划定生态红线的主要目的是保护森林、湿地、荒漠这三大自然生态系统、维持生物的多样性,这也是林业生态文明建设的要求。根据第二次全国湿地资源调查结果,过去 10 a 我国的湿地面积减少了 339.63 万 hm2,自然湿地面积减少了 337.62 万 hm2,这些林地湿地的减少反映出环保意识薄弱、生态资源管理存在漏洞等问题,这些问题的解决,迫切需要通过科技创新研究林业资源优化配置并制定配置方案,通过林权理论研究并建立林权市场和森林资源有偿使用等管理制度。林业生态文明建设保障机制及支撑体系的构建、标准制定及效果评价,将有利于完善财税机制,实现林业生态文明共建与利益共享的林业生态建设长效机制;通过完善林业生态文明建设的体制机制,促进林业生态文明建设工作的规范化、制度化进行。

支撑林业生态环境保护建设。国家林业局在党的十八大精神指引下出台了《推进生态文明建设规划纲要》,科学制定了林地和森林、湿地、沙区植被、物种四条国家林业生态红线。为推动国家生态文明建设战略的实现,围绕"两屏三带"、大江大河源头生态保护修复等重大生态工程,重点突破三大陆地自然生态系统保护与修复等关键技术。科技创新将推进主要基于基础科学研究,帮助构建我国林业资源科学管理体制;通过生态保护应用技术的创新,在维护林业生态安全的基础上建设江河源头生态修复工程,提高水土保持能力、生态保障能力;应用技术方法创新并加强科技

实践创新，可大力推进生态系统保护与修复。科技创新在严格保护林业资源方面也有重要意义。一方面，创新基础理论研究对严格林业资源保护具有积极意义，包括强化对林区内动植物资源的实时监测能力和加强林木资源科学管理能力；另一方面，创新科技也有助于科学从严核定区域纳污容量，制定限制排污总量，编制林业资源保护规划方案。

支撑林业生态文明观念普及。科技创新可以通过革新信息传播方式而促进林业生态文明的宣传教育，信息传播方式的快速变化，已经在根本上改变了人们的工作、学习、交流等生活方式，通过基础理论的创新和信息传播技术的创新，可以合理设计信息传播方式渠道，便于将林业生态文明理念传输给大众，宣传生态文明教育活动，鼓励群众参与，提升林业生态文明观念在公众中的普及程度和接受程度，有效地进行引导；信息传播渠道的建立，还有利于群众反馈信息，提高群众的主人翁意识，有利于激发大众参与林业生态文明的积极性，传播林业生态文化。通过科技创新，强化群众生态意识，树立正确生态价值观，促进大众形成绿色生态的生产、生活方式。

支撑绿色林业产业发展。2017年中央一号文件提出要进行农业供给侧结构性改革，林业作为农业的重要组成部分，在美化生态环境，推动经济发展方面的作用不可替代，成为供给侧结构性改革的重点之一。林业供给侧改革的有效进行离不开科技创新，林业产业结构的优化升级，安全、绿色的林产品有效供给，需要林业科技的创新应用。林业产业的现代化建设要求树立节约资源与保护环境的理念，创新型科技的应用，有助于转变林业产业发展理念和经营模式，推动林业产业提高发展质量和做大做强。绿色安全的消费理念深入消费者心中，决定着消费者的购买行为。林业企业在扩大林产品中高端供给时，需要增加产品科技含量，如突破木竹高效加工、林业智能装备、森林旅游与康养等关键技术。林业产业绿色发展是林业产业发展的主要方向，各地区开发利用经济林、珍贵用材林、林下经济等资源，通过科技创新，实现林业产业的高效经营、林产品的精深加工，培养林业品牌，提高林产品的附加值，培育不同区域的特色林业产业。

林业生态文明的建设中科技创新支撑作用的有效发挥还需要注意一些关键问题：一是林业生态文明建设涉及林业资源开发管理、生态修复、防护工程、经济发展、文化建设等诸多方面，不能依靠一两家企业或者科研单位解决技术创新问题。创建林业生态科技协同创新体，政府需要定位好自己的位置，发挥好在协同创新体组建与发展各个环节中的作用，搭好台子让企业扮演主角；二是林业生态文明建设实践需要科技创新支撑指导，并通过实践反馈来推动科技创新。政府做好顶层设计工作的同时,也需要扮演好监督者的角色,监督底层认真实施,将科研创新成果付诸实践活动,做到上下结合,建立双向反馈互动机制;三以林业标准化工作助力林业生态文明建设,林业标准化在林业科技与生产中间搭起桥梁,能够加速科技成果转化,并且贯穿于林业发展的全过程,是推动林业现代化发展的一种基础性工作。在推动林业标准化建设过程中,需要健全标准化管理体系,完善林业标准化管理体制,优化林业标准结构与布局,加快国内标准与国际标准的对接。

第五节 以生态建设为主体 创新发展现代林业

随着社会经济与科技的进步,现代林业发展面临着重要的战略转型期,这对林业发展战略进行创新具有重要的意义。而基于社会对现代林业的发展需求,生态建设成为林业发展战略制定的基础。本节对生态林业建设的重要性加以分析,基于生态建设为主的社会需求,对林业发展战略创新问题加以探讨。

进入新世纪以来,我国的经济发展取得了很大的进步,极大地促进了社会经济的全面发展,基于国家的全面进步与繁荣,我国对现代林业建设日渐重视,当前林业发展正面临重要的战略转型期。基于新时期对生态文明建设的重视,对林业发展战略进行创新,应以生态建设为主。应基于社会生态建设的发展要求,构建以生态建设为主体的指导思想。

一、林业发展以"生态建设为主"的重要性

形成可持续发展的森林资源。演剧祝圣,民立中学之旧例也。是岁忽搅入京剧《十八扯》,淫靡秽陋,座多嗤之。有王安民者,不知其为何许人,突于翌日,遍布传单,诸多责备。该校长苏颖杰,见而大忿,因出赏格,谓有能拘王安民来校者,赏二十元。安民于是愤甚,躬赴学署,举而劾之。学使樊稼轩,立派专员,调查此事。嗣往邑人周菊萍为之缓颊,始免于究。然民立从此不复演剧矣。

作为重要的自然资源,森林资源含有较多的利用价值,尤其是森林木材,是众多行业发展的物质材料。根据相关统计表明,我国的森林资源缺乏,森林的人均占有率较低。尤其是近几年来,随着社会经济的快速发展,对木材以及其他森林资源的利用显著增多,严重破坏了森林生态系统,导致森林资源难以实现良性循环利用。为进一步提高森林资源的可持续发展,必须重视生态建设,通过合理的苗木培育与森林管护,促进森林资源系统能够保持良好的循环状态,从而促进森林资源的可持续发展。

国民经济体系的有效运行需要林业发挥其生态作用:

主题——环境与发展。森林资源种类丰富,其具有的实际功能也较多,这在很大程度上决定了林业具有社会、经济与生态这三大效益。要想更好的发挥社会与经济效益,则离不开对生态效益的充分利用,只有在保证森林生态系统稳定的基础上,林业才能具有更大的经济效益,并产生相应的社会效益。由于三种效益之间的相互联系是依存的,因此在林业发展中应注重对森林的生态建设,发挥其生态效益。

指导思想——可持续发展理论。。例句:It was good experience for you, for it enabled you to find your feet in the new country.

二、现代林业发展战略的创新

国民经济体系由众多的产业体系构成,其中林业产业体系与林业生态体系均是其重要内容,为保证国民经济体系的有效运行,需要林业发挥其生态作用,以为国民经济发展提供更优质的服务。现代林业需要肩负保护生态环境,以及为经济发展提供森林服务的双重使命,为此应根据林业的区域发展现状,针对不同区域的林业进行分区经营,从而实现分块突破,为国民经济系统的良好运营提供更多的服务。

目标——综合发挥生态、经济、社会效益。基于国民经济发展对森林资源的需求,保持森林资源的可持续发展,促使三大效益的综合发挥,是现代林业发展的战略目标。由于林业的三种效益之间是相互依存的关系,同时也具有一定的矛盾性,因此处理好生态、经济与社会效益之间的关系至关重要。森林资源的使用可带来经济效益,从而创造一定的社会效益,但是对森林生态具有一定的破坏,并且这种破坏力度会随着资源开发利用力度而定。因此在进行林业发展时,应将生态效益放在首位,以生态与环境保护为基础,在保证生态效益的同时,对森林资源进行开发与利用,从而创造经济与社会效益。

社会效益及经济效益的发挥需要生态效益。可持续发展理论对社会发展具有重要的指导作用,其理论体系包含结构、区域、时间等多方面,就经济增长理论而言,重视对生态环境体系的保护,在追求数量增长的同时,更加重视对长远利益的考虑。以可持续发展理论指导林业发展,促进了森林资源的可持续利用。

本节某特定构件的局部成组方案是指设计人员所关注的构件与其他构件组合而成的构件集合,该集合从属于最终模块划分方案中的某个模块。近几年来,社会对环境与发展关注密切,处理好环境与发展问题是行业发展最为关注的,也是关系人类社会进步的重大问题。因森林系统属于自然环境的一部分,在林业发展中实现环境与发展的统一至关重要。将环境与发展问题作为发展战略的主题,有利于推动环境与资源开发利用的和谐发展。

动力——科教兴林。再次,可以考虑目标企业所处行业和地区。比如,国家对于创投企业、高新技术企业等行业,以及少数民族、西部地区、经济特区等区域的企业有优惠政策,企业在并购时可以利用这一优惠政策。

科教兴林主要是指借助科技力量,实现对现代林业的快速发展,实施科教兴林主要是基于如下需要:一是林业增长的需要。当前,我国的林业增长方式较为传统,主要以集约度较低的粗放型增长为主,对先进技术的运用水平低。据相关调查统计,科学技术在我国林业发展中的运用仅为27.35;二是我国林业要想实现跨越式发展需要科技的支撑,国民经济建设中林业建设水平较低,只有通过科技教育才能使林业发展取得重大进展;三是林业产业与林业生态两大体系涉及到的内容较多,要想实现多层次的发展,离不开对先进科技的运用,进行科技教育则成为重要任务。

综上所述,为推动我国林业的快速发展,应遵循"生态建设为主体"的发展战略,并在此基础上实现对发展战略的创新,依据社会经济对林业发展的需求,重视环境与发展问题,以可持续发展理论作为指导思想,实施科教兴林,从而实现"综合发挥生态、经济、社会三大效益"的发展目标。

第六节　生态林业建设的可持续发展

本节通过对生态林业内涵、功能以及建设生态林业的意义进行分析,提出加大科技投入,促进现代林业建设;创新林业服务形式,深化林业改革;以政府为主导,健全多元化投资体系以及健全林业法制体系等发展途径,提升林业的生态、社会和经济效益,形成良性循环系统,实现林业健康有序发展。

林业是一项重要的公益事业和基础产业,承担着生态建设和林产品供给的重要任务。建设生态林业可以为生态平衡提供基本保障,同时也促进生态经济的多样化发展,进一步促进人与自然的和谐发展。因此必须加强生态林业建设,维护生态安全,推进社会主义现代化,必须走生产发展、生活富裕、生态良好的文明发展道路,实现经济与人口、资源、环境协调发展,促进人与自然和谐相处。

一、生态林业内涵和功能

生态林业的内涵。生态林业主要是一种林业发展模式,该模式必须要严格按照生态经济和规律实现进一步的发展。要充分利用当地的自然资源与生长环境,加快林业发展,促进生态林业体系的建设。既是多目标、多功能、多成分、多层次,也是合情合理、结构有序、开放循环、内外交流、能协调发展,并可以调节生态林业动态平衡的种植系统。

生态林业的功能。生态林业的功能是涵养水源、保持水土、防风固沙,同时林木通过光合、蒸腾作用可以净化空气,调节温度,对水利工程的建设和农业生产的健康发展都有巨大作用。通过建设生态林业,不仅可以为生态平衡提供基本保障,同时也促进生态经济的多样化发展,并能进一步促进人与自然的和谐发展,加快社会主义经济的共同发展。生态林业的建设能够对当地的森林资源与野生都植物起到保护作用,并能够建设和恢复生态系统,促进经济模式的转变,为社会经济的可持续发展和生态经济发展提供更多助力。

二、生态林业建设的重要意义

生态林业建设要以可持续发展为总体目标,实现生态、经济和社会效益的协调、高效,相互促进,共同发展,并逐渐形成一个良性循环体系,保证生态林业工作健康有序的发展。

加强生态林业建设,是人与自然和谐相处的本质要求。通过建设生态林业,不仅可以为生态平衡提供基本保障,同时也促进生态经济的多样化发展,并能进一步促进人与自然的和谐发展,加快社会主义经济的共同发展。建设和恢复林业生态系统,不仅能够进一步加快现代经济水平的持续提升,还有能够为科技发展生态化奠定重要的物质和环境基础。

加快生态林业建设,是我国建设生态经济的重要力量。生态林业建设的核心就是生态和经济相互协调的可持续发展,并强调我们国家的社会经济持续发展与生态环境建设、资源保护有着密切的关联。建设以生物资源开发创新、绿色产品和旅游产业开发等形成的社会经济发展潜力正在成为我国建设生态经济的重要内容。

加快生态林业发展,是促进农村经济发展的重要途径。生态林业的建设,就是发展"高产、优质、高效"林业,搞好天然林保护,加快多功能人工林建设,同时对农业基础设施以及建设生态环境起到一定推动作用,进一步调整农业和农村的经济结构,不断提升农民平均收入,改善农民生活水平。因此,加快生态林业建设,是实现农民脱贫致富奔小康的一个重要措施。

三、实现生态林业可持续发展的途径

加大科技投入,促进现代林业建设。建设现代林业,实现生态林业可持续发展的一个根本策略是科技的发展,提高林业建设的科技含量,实现对资源与环境发展能力的有效保护,促进人类与自然的和谐共生。应用遥感技术、计算机技术、网络技术、智能技术和可视化技术,大力发展数字林业,实现林地管理的标准化和规范化,同时加强与大专院校交流,构建合作平台,提高林业科技创新和研发能力,做好基层林业的技术培训工作,加大政府政策扶持力度,进而实现"产、学、研"的密切结合,加快林业科技成果的转化,提升林业科技水平。

创新林业服务形式,深化林业改革。深化集体林权制度改革,是调动社会各方面造林积极性,推进生态林业建设的重要基础。要按实际情况实施分类经营与碳汇造林战略,改革创新商品林采伐制度,按照实际要求适时提高生态公益林的补贴、补助标准,大力实行封山育林工程使其生态效益得到发挥;加快林业产业建设,规范林地、林木合法流转,健全现有的林业要素市场,通过公平、公正交易,维护林权所有者、使用者的合法权益,不断完善林业社会化服务体系,为林业产业持续健康的发展提供有力的服务技术支撑。

以政府为主导,健全多元化投资体系。生态林业建设工程通过对国家生态自然资源进行保护以及合理利用,维护生态环境平衡,是一项社会公益性基础工程,投入高、规模大、周期长,因此政府相关部门要加大宏观调控和依法组织管理,合理配置有限的自然资源,为今后的生态建设提供基本保障。近年来,中央、省等各级政府不断加大林业投资,推动经营性和公益性服务相结合,综合服务和专业服务相协调的新型林业社会化服务体系的建设速度,增强家庭林场、林业合作社以及股份制林场等与林业相关的合作组织的服务管理,通过国家补、政策拨、财政贴、项目引、银行贷、企业投、群众筹等途径,广泛吸纳社会资本投入林业建设领域,为生态林业建设的持续发展提供强有力的资金保障。

加强宏观调控,优化林业产业结构。调整优化林业经济结构,促进林业产业的发展,是建设生态林业,实现林业可持续发展的物质保证。根据现代林业经济发展的要求,加强宏观调控,优化林业资源配置,并加大对短周期工业原料林、速生丰产林、竹林和名特优新经济林的推广建设,有效提升当地林业经济收益,同时要突出发展生态旅游、竹藤花卉、森林食品、珍贵树种和药材培植以及野生动物驯养繁殖等新兴林产品产业,进一步优化当地林业整体结构,促进林业产业的可持续发展。积极打造林产品多元化运用与精深加工、现代物流和营销重度关联的产业链条,并大力培育新兴产业,强化林产企业的抗风险能力和市场竞争能力,提升林业产业的整体水平,推动生态林业健康有序发展。

依法治林,健全林业法制体系。生态林业的建设,离不开法律的保驾护航,各级林业部门应该加强森林公安、林政队伍的建设,对林业有关法治条规要进一步完善,加大执法与监管力度，对森林以及野生动植物的保护工作要加强重视，严打乱砍乱伐以及乱捕"三乱"行为的发生。加强林业普法教育和执法监督，广泛宣传《森林法》、《野生动物保护法》、《植物检疫条例》和《森林防火条例》等林业法律法规，积极开展林业法律知识培训，以《森林法》为准绳，按照生态优先、保护资源的策略方针，尊重自然和生态规律，遵循生物多样性规律，维持生态平衡。要进一步加大对依法治林的宣传推广，并逐渐改善原有传统林木种植模式，促进森林资源管理工作向规范化、制度化发展。

生态林业主要是一种林业发展模式，该模式必须要严格按照生态经济和规律实现进一步的发展。要充分利用当地的自然资源与生长环境，加快林业发展，促进生态林业体系的建设。生态林业的建设不仅是对我国整体生态环境系统的完善，更是促进生态系统持续运营，不断发展的动力。因而在社会飞速发展的当下，需要运用创新型思维，探索生态林业持续发展的新途径，在实现保护森林与自然资源的基础上，进一步实现森林资源和人类的和谐共处，为人们生活提供良好的生态环境。

第七节　利用林业技术创新促进生态林业发展研究

生态林业建设越来越依赖林业科学技术进步，同时林业科学技术也更进一步促进了生态林业发展，因此，有必要对生态林业建设过程中林业技术创新存在的问题做进一步分析，林业技术创新虽然有巨大的发展，但也存在很多不足之处，如林业技术创新资金不足，林业技术创新意识的薄弱，林业技术创新能力的不足，面对这些困难我们应该积极应对，不断加强对林业技术创新促进生态林业发展的研究。

一、利用林业技术创新促进生态林业发展存在的问题

林业技术创新促进生态林业发展资金不足。生态林业发展首要问题是林业技术创新资金短缺，从总体布局来看，我国整体创新水平主要集中在经济发达地区，即东部地区。大部分地区林业技术创新资金相对不足，投资主要来自政府支持，资本结构过于单一。资金短缺导致人才建设不足，技术设施落后，给生态林业带来了严重障碍。例如，新树种的改良和发展离不开资金投入。没有技术创新的支持，产品更新不可能满足新的市场发展需要，从而在竞争中处于劣势。更重要的是，资金不足导致许多林业企业在人员创新和管理技术创新方面缺乏积极性和主动性，导致了综合创新的落后。从产品品种创新、管理技术创新、甚至人才创新等方面来看，资金短缺给生态林业发展带来了严重的制约和障碍。由于资金来源狭窄，无法针对性地引进科研

人员和设备,严重滞后于生态林业的发展。

我国林业技术创新意识的薄弱。我国生态林业发展已成为世界林业体系的重要组成部分,随着科学技术的进步和社会经济的发展,我国生态林业的发展发生了巨大的变化。然而,随着我国生态林业的发展,林业技术创新意识淡薄的问题逐渐显现出来,特别是在经济发展相对落后的地区,由于传统计划经济体制的制约,对林业技术创新的重要性一直没有得到足够的重视。虽然取得了可喜的成绩,但与经济现代化相比,我国生态林业发展总体上仍存在较大差距,这一差距首先在于创新意识上。相对而言,林业技术创新意识处于相对落后的状态。林业技术创新意识薄弱,加之传统林业发展模式的制约,使得林业从业人员对技术创新在现代化和市场化进程中的作用认识不足。从生产到经营,再到销售等环节,创新观念落后,导致生态林业发展缺乏长远规划,缺乏高效创新意识,是生态林业发展效率相对较低的重要原因。

林业技术创新能力的不足。是由于我国现代林业发展滞后、人才储备和新技术引进存在问题、创新主动性不足、缺乏创新的主动性,林业技术创新体系没有得到全社会范围内的建立,无法完善产业结构,对技术的利用率不高,对我国的林业技术创新能力造成了较大程度的制约。我国林业发展的起点较低,发展不完善,新技术的引进和应用相对匮乏,人才队伍建设不能跟上时代的需要。这些问题使得林业技术创新能力的不足,创新水平落后。首先体现在林业品种的开发和改进上,主要依靠国际市场,从国外引进,没有独立的研发能力。其次,新品种的开发和培育没有系统的理论和技术支持。由于缺乏系统的知识,从国外引进的优良品种也难以因地制宜地生长,难以与特定环境相结合。

二、提高林业技术创新能力促进生态林业发展

丰富资本结构,增加社会资本,增加财政支持。科学研究和技术创新最重要的是资金投入。针对当前我国林业创新资金短缺的现状,提高林业创新能力促进生态林业发展应改变传统单一的政府资金支持形式。一方面要引入社会资本,同时林业机构自身也要加大研发投入。从风险投资基金、银行贷款等方面对社会主体的投资,应遵循市场化的原则,以解决当前资金短缺的问题。同时,林业作为国民经济的组成部分之一,也需要国家在政策上的引导,如政策性的创新和科研激励制度,及时减免税收,调动各部门的积极性和主动性。

增强林业创新能力促进生态林业发展意识。对于未来的生态文明,可以说"生态"是人类定居的基础。强化社会全体成员的生态观念,明确林业创新能力促进生态林业发展的重要性及其对促进生态林业发展的指导意义。林业创新能力作为一门

新兴学科,发展迅速。为了保证社会各界对林业创新能力促进生态林业发展有正确的认识,实现森林资源科学的保护和发展,林业创新能力促进生态林业发展模式或方法需要纳入科学的范畴。生态林业是一套系统工程,其技术创新和市场转型是一套完整的系统。在体制改革中,首先要落实到人,即科学研究者和实践者身上。放弃传统的林业科研理念,以生态林业理念发展科学技术。同时,科学研究的市场定位是必不可少的。只有在市场化的原则下,科学研究才能有一个更高效的社会应用与营销推广。林业创新能力研究也要以生态林业结构为重点,解决林业与生态环境、产业结构之间的技术难点,提高林业的创新能力。

加强人才建设,提高科研人员的科研能力和创新水平。在任何行业的发展过程中,人才是最核心的要素,特别是林业技术创新。可以说,人才是决定科学研究能力和创新水平的关键因素,是科学研究能力和创新水平的最重要保证。加强技术创新意识,培养专业人才,保证现代林业可持续健康发展。一方面,林业单位要不断加强本单位人才队伍的素质,提高业务能力、技术水平和业务素质。同时,在整个社会层面,林业从业人员的不断流动是林业发展的重要储备。因此,从教育水平上,要加强林业人才的培训和教育,提高培训水平,提高专业配置,打造全方位的林业顶尖人才,提高技术能力、知识素养和业务能力。林业专业人员的素质。为林业输送更多高素质人才。

本节探讨了利用林业技术创新促进生态林业发展,在林业技术创新中,需要增强全社会生态责任意识,需要加强人才建设,提高科研人员的科研能力和创新水平,这样可以丰富资本结构,增加社会资本,增加财政支持,提升效益。因此,利用林业技术创新来促进生态林业发展是目前重要的研究内容。

第八节 加大林业金融创新力度 助推生态文明建设进程

福建省三明市是我国典型的南方集体林区,全市森林面积2646万亩,森林覆盖率78.1%、蓄积量1.73亿m3,是全国最绿省份的最绿城市。三明市作为全国集体林权制度改革的策源地,改革大致经历了三次飞跃。第一次飞跃,从20世纪80年代初,推行"分股不分山、分利不分林"的林业股份合作制改革,被中共中央政策研究室编辑出版的《中国农民的伟大实践》列入典型之一。第二次飞跃,2003年起,通过以"明晰产权"为重点的集体林权制度改革,实现了"山定权、树定根、人定心"。先后被国务院批准列为全国集体林区改革试验区,被国家林业局确定为全国集体林业综合改革试验示范区,永安洪田村被誉为中国林业改革"小岗村"。第三次飞跃,2014年开始，以林业资源变资产、资产变资金作为深化集体林权制度改革的切入点，坚持以问题为导向，着力创新林业金融，逐步建立由林业融资机制、林业金融工具创新、林业金融风险防控、林业金融服务平台、林业碳汇交易试点等方面组成的林业金融体系。推出林权抵押贷款、"福林贷"等林业金融产品，走出了一条"林农得实惠、企业得资源、国家得生态"的生态富民新路。

一、林业金融创新的出发点

（一）突显林业资源价值

通过林业金融创新，让广大林农看到林权可随时提现，不再以林木砍伐为前提。对林农来说有林就有钱，林权就是随时可提现的"绿色银行"。林业金融创新更好地实践和诠释了"绿水青山就是金山银山"的理念。

（二）推进生态文明建设

发挥林业在推动绿色发展、建设生态文明中的重要作用，贯彻"森林惠民、森林富民、森林育民"的三明森林城市创建理念，率先实现所有县（市、区）省级森林城市全覆盖。促进林农爱林护林的积极性，对生态文明建设起到助推作用。

（三）助推乡村振兴战略

围绕林业助推乡村"产业兴旺、生态宜居、乡风文明、治理有效、生活富裕"，促进乡村战略实施，实现"生态美、百姓富"有机统一。

（四）提供可复制成果

在集体林权制度改革已经取得成果的基础上，通过林业金融创新和实践，为推进新时期生态文明建设提供一些可操作、可复制的做法和经验。

二、建立林业金融支持机制

（一）收储支持

针对林权抵押贷款中银行"评估难、监管难、处置难"等问题，成立国有或国有控股、混合所有制、民营等各种所有制林权收储机构12家，实际到位注册资本金4.3亿元，实现全市各县（市、区）全覆盖，与金融机构签订合作协议，承担不良贷款林权收储兜底功能，解除金融机构的后顾之忧。其中市本级有三明市金山林权流转经营有限公司、三明中闽林权收储有限公司和三明金晟林权收储有限公司等3家收储机构。

（二）政策支持

三明市政府先后制定下发了《关于林权抵押贷款森林综合保险的实施方案》、《关于加快推进林权抵押贷款工作的指导意见》、《关于调整抵押出险的林权变更登记程序的通知》、《转发市林业局等单位关于在全市推广普惠林业金融产品"福林贷"指导意见的通知》等文件。同时，市林业主管部门还分别与中国邮政储蓄银行三明分行、三明市农商银行和兴业银行三明分行共同印发了《关于合作开展林业小额贴息贷款工作的通知》。从政策上鼓励和支持林业金融创新发展。

（三）资金支持

市财政在预算中安排3000万元设立林权抵押贷款风险准备金，重点支持银行创新林业金融产品，提高了林业金融创新的公信力。

三、推进林业金融工具创新

（一）创新林业金融产品

针对现有林业金融产品存在贷款期限偏短、贷款利率偏高、抵押林权范围偏窄等问题，三明市充分运用林业融资支持机制创新成果，先后推出三款林业金融新产品，满足不同群体的林业发展资金需要。

林权按揭贷款产品。与兴业银行、邮储银行合作，在全国首推15-30年期的林权按揭贷款，解决了林权抵押贷款期限短与林业生产经营期长的"短融长投"问题，减轻了林业大户和林业企业的还款压力。

林权支付宝产品。与兴业银行合作，在国内首推具有第三方支付功能的林权支贷宝，解决林权流转中买方资金不足及转移登记过程中可能出现纠纷等问题，解决了林业大户和林业企业的融资难题。

普惠林业金融产品。与农商银行（农村信用社）合作，在全国率先推出普惠林业金融产品"福林贷"，采取整村推进、简易评估、林权备案、内部处置、统一授信、随借随还的方式，给每户林农最高授信20万元，年限3年，满足了广大林农对生产资金的需求。

（二）推进林业企业上市

鼓励支持林业企业直接在资本市场融资，不断扩大资产规模。全市拥有永安林业（股票代码000663）、青山纸业（股票代码600103）、福建金森（股票代码002679）和春舞枝花卉（2014年8月25日在德国证券交易所挂牌上市）等4家林业类上市公司。通过上市募集、配售新股、定向增发等方式,已经上市的林业企业净资产和市值都有大幅度的增长。

(三)推广森林综合保险

自 2009 年以来,加强组织领导,广泛宣传政策,坚持先易后难、重点突破的办法,分门别类组织和引导林权所有者和林农参保。全市 730 万亩生态公益林,每年都实现全保;商品林每年参保 1700 万亩左右,占全市商品林应保面积的 95% 以上。

四、加强林业金融风险防控

(一)对于林权按揭贷款

建立资产评估、森林保险、林权监管、快速处置、收储兜底等"五位一体"的风险控制机制,分散化解金融风险,提高金融机构放贷积极性。

资产评估。林权收储公司全程跟踪拟抵押森林资源资产评估过程,保证评估公平公正,最大程度减少高估、虚估等风险行为。

森林保险。在政策性森林综合保险基础上,叠加林权抵押贷款全额保险,保险费率不变,增加的保费按年由贷款人缴交,县级财政给予一定的补助。

林权监管。由林权收储公司将抵押的森林资源委托第三方监管,防止盗伐等人为破坏带来的风险。

快速处置。贷款一旦出现不良情形,由林权收储公司垫付资金给资产管理公司,资产管理公司直接从银行收购抵押林权,并公开拍卖变现。

收储兜底。如果林权拍卖出现流拍情况,则由林权收储公司收储,实现资产变现。在偿还贷款本息和必要的手续费用之后,将剩余资金返还给贷款人。

(二)对于林权支贷宝

建立"支付保证+林权按揭贷款"的风险控制机制,像房地产中的二手房交易一样,买方将 50% 价款首付到银行保证金专户,同时向银行和林权收储公司申请按揭贷款,所有款项全部到齐并办理林权转移登记后,由银行将全部价款支付给卖方。

(三)对于普惠林业金融

建立"银行+村合作基金+林农"的风险控制机制,即由村委会牵头成立林业专业合作社,依托合作社设立林业融资担保基金,为本村林农提供贷款担保。林农以其拥有的承包山、自留山等林权作为反担保标的,如发生不良贷款,由合作社内部来对反担保的林权进行处置。

诚信加盟。加入林业专业合作社会员时以诚信为门槛，有不良诚信或有其它不良嗜好的不能加入。

信用奖惩。第一年信用良好的，第二年、第三年分别按 1：8、1：10 授信；信用不好的提高利息给予惩罚，如果信用不良比例超过 10%，所有社员按原利率再上浮 30% 执行，信用不良比例超过 15% 时，停止发放贷款，直到降到 10% 才重新发放。

互帮互助。通过奖惩机制，如有一位社员出现信用不良，其他社员为避免利息惩罚，社员之间就会互帮互助。

内部处置。如互帮互助无果的，则按合约在合作社内部进行流转，不必由银行处置，形成风险防控的闭合系统。

五、提高林业金融服务水平

（一）服务社会化

依托三明市金山林权流转经营有限公司、三明中闽林权收储有限公司和三明金晟林权收储有限公司设立林业金融服务中心，入驻森林资源资产评估、林权监管等中介机构，并与兴业银行、邮储银行、农商银行、人保财险、人寿财险、资产管理等金融单位建立合作关系。中心设立服务窗口，实行"一站式受理、六项代理服务"，即代办资产评估、代办委托公证、代办叠加保险、代办抵押登记、代办债权保证、代办贷款审批，提高优质高效便捷的服务。

（二）服务便利化

在评估环节上，做到抵押林权外业调查评估与贷前调查同步进行；在担保环节上，建立林权抵押贷款分级授权审批制度，由林业金融服务中心直接向银行报送材料，银行及时收件和审批；在放贷环节上，与贷款申请人签订协议之后，尽快放款到账。特别是普惠林业金融产品，以村为单位开展贷前调查，分户建立档案，分批授信放贷。

（三）服务一体化

通过搭建三明林业金融服务中心、三明林权交易中心、三明林业商品交易中心等平台，为林农、林业经济组织、林业企业提供一揽子、全方位、全过程服务。

六、林业金融创新取得积极成效

（一）林业金融创新成效显著

目前，全市累计发放林权按揭贷款、林权支贷宝、"福林贷""邮林贷"等林权抵押贷款总额达 121.6 多亿元,占全省林权抵押贷款的 57%,其中近五年新增林权抵押贷款近 60 亿元,林业金融新产品运行以来没有发生不良情况。

(二)创新林业碳汇交易

自 2017 年以来,完成了全省首单 VCS 林业碳汇交易;开发出全省首个林业碳汇区域方法学;成立了全省首家林业碳汇开发企业;营造了全国首片企业碳中和林;实现全省首批林业碳汇交易;建立了全省首个绿色碳汇基金。

(三)富民产业快速发展

全市林业产业总产值、笋竹、油茶、花卉苗木、林下经济等富民产业快速发展;建设了永安竹天下、明溪红豆杉、清流桂花园等一批林业产业创意文化旅游产业园;培育了一大批森林人家;农民人均涉林收入占农民人均可支配收入的比率也大幅度提高。2018 年 6 月,三明市再次被国家林业和草原局确定为全国集体林业综合改革试验区。

第九节　森林资源监测中地理信息系统的应用

森林资源对于人类来说是最为宝贵的资源之一,与人类的生活息息相关。但是,长期以来人们对森林资源的认识并不充分,对于森林的资源管理往往采用粗放式的管理方式,致使我国的森林覆盖率急剧下降,给环境带来了巨大的损害。因此,为了提高对森林的管理力度,相关专家提出运用先进的地理信息系统进行森林资源的相关数据进行全面采集,动态监测,从而保证全方位的保护森林资源,并进行合理的资源开发。

森林资源具有调节气候、保持水土、净化空气等多种生态调节作用,对于人类的可持续发展来说至关重要。而现阶段由于管理上的疏漏,我国的森林遭受到了大面积的破坏,森林的覆盖率急剧下降。因此,我们需要利用新的技术实现对森林资源的合理开发和保护。而地理信息系统是新阶段用于检测森林资源的有效技术,通过它我们可以及时掌握森林资源的详细信息,进行动态的监测与管理。

一、地理信息系统的功能简介

传统的森林资源管理与监测方法过于简单化,主要关注的是森林的面积,缺乏对生态环境、景观及立体的资源信息的关注。而管理工作只是局限于数据的处理,图形的绘制也是依靠手工进行操作。为了提高对森林的管理效率,现阶段提出利用地理信息系统进行森林资源的动态监测与管理。地理信息系统是本世纪新开发的管理技术,利用信息学、空间学和地理学等多方面的学科知识,进行数据的采集、监测、编辑、处理和存储,并且具有空间分析、图形显示与信息输出等多方面的功能。地理信息系统的功能十分强大,可以实现多方面、立体化的资料收集,并对各种资料进行贮存、修正、分析和重新编辑,为综合的、多层次的森林资源管理与监测奠定了基础。一般情况下,地理信息系统是由四部分组成的,分别是数据输入系统,数据库管理系统,数据操作和分析系统,数据报告系统。其中输入系统主要是收集和处理来自地图及遥感仪器等收集的空间和属性数据;数据管理系统主要是进行数据的贮存和提取;数据操作系统主要是进行由函数式及动态模型等组成,进行数据的操作处理。数据的报告系统主要是在相应的设备上对数据库中的各类数据处理和分析的结果进行显示。通过四个功能的依次操作,最后我们可以在三维坐标中,观察到直观且立体的资料,或者是图表的报告,方便我们下一步的调查分析。

二、地理信息系统在森林资源管理中的应用

(一)森林在具体的资源管理中的运用

森林的职员档案管理森林资源需要进行档案的管理,而传统的管理方法是按照二类调查的小班卡、林业调查图或者统计报表等进行统计。工作人员通过调查进行数据库的建立,以小班为单位进行数据的统计,最后建立资源档案管理库。一般情况下是每年进行数据的更新。在这种管理模式下,工作人员只能是对森林资源的数据情况进行分析,手工绘制图件或者按照自己的理解绘图,数据和图形对应较差,很难实现数据的可视化。而现阶段我们使用的地理信息系统是使用计算机进行数据的收集,分析和绘图,采用一体化的设备实现图形与数据库有机结合使森林资源档案的管理更加科学高效。此种新技术所具有的优势主要有可以实现属性与图形数据双向查询,同步更新,而且该系统可以将数据库纳入为属性数据库,进行资源数据的统计报表和空间数据的制作。

森林结构的调整通过地理信息系统的监测,我们首先可以对森林的林种结构进行调整,规划河岸防护林、自然保护区、林区防火隔离带等生态公益林区,通过分析防护林的比例和分布范围进行合理的林区布局调整。其次,可以对树种结构调整。该系统可以通过调查区域内各小班的地形情况和土壤情况,在三维空间图中显示地形的特征,帮助工作人员因地适宜的进行树种结构的调整。最后该系统可以对森林树木的年龄结构进行合理调整。根据森林的可持续发展的需要以及地区的地形特点

和生态的效益等，进行合理的分析，最后确定合理的年龄结构，使各龄组的树木比重逐步趋向合理，充分发挥森林的潜力。

（二）地理信息系统在森林资源动态监测中的应用

林业用地及森林分布变化的监测林业用地的变化主要可以分为林地的类型和林地面积两个方面的变化。由于传统的数据只是反映出数量的变化，由于地理环境复杂，很难对具体的变化图形进行准确的描述。但是在使用地理信息系统进行林区的监测时，我们可以将不同时期的调查数据进行计算机的分析，不仅可以准确的分析出不同的区域的数据变化情况，而且还可以在空间水平上将数据以图形的形式表现出来，落实到具体地块上准确的分析林区的空间分布规律，为相关的工作决策提供依据，以及时的进行林业生产方针政策的调整。

自然灾害的监测通过地理信息系统，我们还可以实现对森林病虫害的预报和预测工作。在森林虫害发生时，通过这种先进的技术，我们可以对森林的虫害发生情况进行强的地域的监测，按照事件的种类、危害程度以及区域的面积展现出的数据，制定准确的应对措施。

其他内容的监测此外，还可以利用地理信息系统的先进技术，对森林火险进行监测，及时发现危险，建立预测预报模型，进行森林火险预报。并且可以通过监测森林的防火状况，建立森林防火指挥系统。另外，我们可以对森林的荒（沙）漠化情况进行监测，通过计算机技术，建立荒（沙）漠化数据库，为荒漠化治理、规划和管理监测提供依据，以提出正确的荒（沙）漠化防治措施。最后，地理信息系统还可以应用在野生动物的管理、林区的开发管理、林政管理、人口管理和林区基础设施的建设管理等方面，实现林区的规范化管理，促进人与自然的和谐相处。

综上所述，为了更好地实现科学的林区环境和森林资源的管理，我们应该合理的应用现代的地理信息系统，利用计算机进行数据的分析，图形的绘制，根据实际情况进行合理的分析和规划，保证森林资源的合理利用，在追求经济利益的同时保证生态效益，促进林区的可持续发展。

参考文献

[1]周辉,黄小林,陈颜颜.林业资源管理与林业造林方法的应用分析[J].绿色科技,2015(12):152-153.

[2]罗晨,张立民,刘彩虹,等.林业资源管理与林业造林方法实践分析[J].现代园艺,2016(16):229.

[3]李永富,宋文斌,张宪红.林业资源管理与造林方法探讨[J].黑龙江科学,2017,8(24):66-67.

[4]杨建勇.我国林业资源管理与林业造林方法研究[J].乡村科技,2018(10):69-70.

[5]杨娟娟.浅谈重点林区乡镇林业站如何把好森林资源源头管理第一关[J].农业实用技术,2018(01).

[6]谢军安,刘阳.可持续发展下的森林资源保护与管理[J].石家庄经济学院学报,2011(03).

[7]安庆国.林业资源管理存在的问题及解决措施分析[J].农业与技术,2017(37).

[8]盛永军,王彬.浅谈乡镇林业站资源档案管理[J].林业勘察设计,2018(03).

[9]宋占祥.生态林业建设及生态林业的发展趋势探究[J].南方农业,2017,11(32):31-32.

[10]马岩巍.我国生态林业建设的现状与策略分析[J].民营科技,2015,(7):200.

[11]刘华根.如何构建现代生态林业工程探讨[J].科学与财富,2015,(5):170.

[12]杨德森.浅谈现代化背景下林业资源保护和利用[J].农家参谋,2017(20):101.

[13]邱家学.浅析林业资源保护与开发利用的关系[J].花卉,2016(10):42-43.

[14]高爱国.对森林防火有效管理的几点探讨[J].新农村(黑龙江),2016(2):

132.

[15]张理敬.森林火灾探测器关键技术研究[D].青岛:中国海洋大学,2008.

[16]陈劭.林火扑救优效组合技术研究[D].北京:北京林业大学,2008.

[17]屈晓琴,晃小莹.林业资源保护及森林防火管理措施[J].现代农业科技,2018(14):165-166.

[18]侯瑞霞,孙伟,曹姗姗,唐小明.大数据环境下林业资源信息云服务体系架构——设计与实证[J].中国农学通报,2016,02:170~179.

[19]洪燕真,戴永务.林业产业集群企业网络结构与创新绩效的关系——基于福建林业产业集群的调查数据[J].林业科学,2015,11:103~112.

[20]尚旭东,张传统,宋国宇.基于GM(1,1)模型的云南林业产业发展预测[J].中国农学通报,2011,10:29~33.